未来をつくる
イノベーション

創発的破壊

Emergent
Destruction

米倉誠一郎

はじめに

この本は東日本大震災後の日本を想定して書いていたものではない。この数年間、日本はどこへ行くのか、新たなイノベーションはどこから生まれるのかなどについてずっと考え、少しずつ書きためてきたものである。

その最後の仕上げのときに、今回の大震災に遭遇《そうぐう》した。

したがって、この震災を契機に新たな日本をどう構築すべきかという論点を加えたが、本書の趣旨を変えたり、新たな視点を付け加えようとは思わなかった。むしろこの出来事を通じて、本書でいいたかったことがよりクリアになった気がした。その意味で、この本は日本復興計画のための「緊急出版」といったものではないが、歴史や世界から学ぶ延長線上で、新しい示唆《しさ》は書き置いたつもりだ。

本書でまず一番はじめにいいたかったことは、大きなビジョンやゴール設定と、個

人の小さな営みが生み出すパワー、すなわち「創発[1]（emergence）」の重要性である。

二十一世紀初頭に遭遇した金融危機や大震災という大変化をどう乗り越え、これから日本人はどこへ行くのか、どのように生きるのか。

人間は前に進むとき、向かうべき方向についてある程度の共通認識をもつことが必要だと思う。「こっちに行けば何かいいことがありそうだ」という期待がないと、なかなか一歩が踏み出せない。ビジョンには、大きな方向性を示すことで、ばらばらな個々人の期待をひとつにまとめていくパワーがある。

すぐれたビジョンとは、目を閉じると具体的なイメージがまぶたに浮かぶようなもの、といわれる。たとえば、マーティン・ルーサー・キング牧師の有名な演説「私には夢がある」では、彼の描く理想のアメリカが目に浮かんでくる。アラバマの片田舎の街角に黒人と白人の子どもたちが手を取り合って兄弟のように遊ぶ姿が、彼の四人の子どもが肌の色でなく人間の中身で判断される日が、まさに映像のように浮かぶのである。

では、いま掲げられるべき日本のビジョンは何だろうか。

不思議なことに僕には日本の未来が見える。

世界が羨《うらや》むその未来が見える。

「分散化した都市国家を築き、これまでの半分以下のエネルギー消費で豊かな暮らしを続け、そのノウハウを世界と分かち合うことで富に換えている」という姿だ。

しかし、このようなビジョンを掲げたときにすぐに出てくるのは、「日本をそんなふうに変えるリーダーがいるのか」、という疑問であろう。ここでの答えは、カリスマ的リーダーなどもはや要らないというものだ。

複雑系の研究が明らかにしてきたように、複雑なアリ塚は女王アリが指令を下してできているわけではない。女王アリはひたすら子どもを産むだけ。働きアリは一生懸命食糧を運ぶだけ、掃除アリはただ掃除をするだけ。しかも、二本の触覚とお尻から出る少量のホルモンだけがアリのコミュニケーション手段である。それでいて、それぞれの営みが全体としてきわめて複雑かつ機能的なアリ塚を構築している。

こうした個々の小さな行為の総和が想像を超えたパワーや結果を生むことを「創発(emergence)」という。

同じように、中東、チュニジアやエジプトで起こったジャスミン革命も強力なリーダーや革命組織の存在があったわけではない。自由や民主化というビジョンに向けた個々人の小さな行動が、ツイッターやフェイスブックを使って増幅され、打倒不可能といわれた体制を崩壊させたのである。このとき、情報とくにビジュアルな動画情報が無数の若者の共感を呼び起こしていた。

いまの日本に必要なのは、この**静かなるジャスミン革命**である。

本書ではこのパワーを「創発的破壊」と呼ぶ。

シュムペーターはイノベーションにとって「創造的破壊」が欠かせないといった。たしかに、古い秩序の破壊の上にしか新しい循環は生まれない。しかし、創造的破壊は強烈なリーダーを想定してしまう。これから起こる革命はそうした上からの破壊ではなく、むしろ個々人の小さな発言やイノベーションが大きな波動を下から生み出す創発的なものだ。その意味で主役は私たち一人ひとりだ。

第二にいいたかったことは、**ソーシャル・イノベーション**の重要性である。それは、これまで信じてきた資本主義の価値観に対して、まったく新しい視点を提供するような事態の出現である。単純に資本主義を否定するようなものではなく、そのダイナミズムを新たな次元で実現しようという問題意識と行動様式である。このことを確信したのは、今年の春にフランスのトゥールーズ大学で国際マネジメントの修士プログラムを教えていたときだった。

現在、新しいイノベーションの枯渇《こかつ》に苦しんでいるのは、何も日本だけではない。アメリカを除く多くの先進国がこの問題に苦悩している。当然、十九世紀まで世界をリードしてきたヨーロッパ各国も悩んでいる。二十世紀に入ってからの自動車、エレクトロニクス商品、半導体とコンピュータ、そして二十一世紀に続くインターネット上の革命の数々。これらを常に主導してきたのはアメリカであり、アメリカ的な価値観であった。もちろん、日本も途中からその大革命に参入し、製品の改善や生産工程のイノベーションを先導した時期もあった。しかし、基本コンセプトの多くはアメリカ人、アメリカ企業が中心に生み出したものであった。

この革命の本質を簡単にいってしまえば、新たな知識によって非連続的なイノベーションを生み出し、その成功が社会はもちろんその推進者にも大きな経済的価値をもたらすという図式である。近年、そうしたアメリカ的価値観は強欲な金融資本主義によって自壊したという見方があるが、それはあまりに表層的な見解であろう。

たしかにアメリカの一側面を代表するウォールストリート的金融資本主義の限界は露呈《ろてい》したが、それはアメリカン・ダイナミズムのすべてではない。事実、われわれの生活を豊かで知的興奮にあふれたものにしているのは、グーグル、ユーチューブ、フェイスブック、ツイッター、さらにはアップルが先導するスマートフォンといったシリコンバレーから続々と生まれ出る製品やサービス群である。

このダイナミズムの根源にあるのは、優秀で荒唐無稽《こうとうむけい》な若者を世界中から集める仕組みとしての大学、彼らの荒唐無稽なアイデアにリスクマネーを投資する仕組みとしてのベンチャー・キャピタル、そして彼らが結果として巨額の成功報酬を実現できる上場市場の整備といった、制度的インフラストラクチャーだと思っている。[2]

僕はこの制度論を授業でよく使う。

トゥールーズ大学の授業でも同じようにこの講義をした。すると、ヨーロッパ的沈滞の中ではそうした動きはなかなか難しいという議論となり、ジャマイカからの留学生は、「豊かになりすぎた欧州的社会保障制度が若者からハングリー精神を奪っている」と指摘したのであった（トゥールーズ大学で驚いたのは、その学生の多様性である。ＥＵ二七カ国に加えてアメリカ、北欧、中東、南米そして中国、韓国、タイ、インドのアジア諸国からの実に多くの留学生がいたが、残念ながら、日本人学生はいなかった）。このジャマイカ人女学生の指摘にみなが「もっとも」と頷《うなず》いたとき、フィンランドからの留学生が異議を唱えた。「福祉制度が充実している北欧の人間として一言反論させてもらうと、人間は豊かになったらハングリー精神を忘れ、イノベーションへの執着をなくすという解釈は単純すぎる。われわれは豊かになったからこそ社会のために役立とうと新たなイノベーションを追求するのではないのか」、と。

　そう、それが本書で強調したい、「ソーシャル・イノベーション」の存在なのである。

　金融資本の暴走や世界に蔓延《まんえん》する閉塞感を前に資本主義の崩壊を断言するのは皮相的だ。むしろ、二十一世紀の資本主義に新たな一ページを付け加えるとすれば、それは「ソーシャル・イノベーション」というダイナミズムである。

　第三に伝えたかったことは、パラダイム・チェンジとイノベーションの重要性である。この二つは、ビジネスにせよソーシャル・ビジネスにせよ、現状を創造的に破壊し、新たな付加価値を創造する基本である。人類はイノベーションなくして新天地に到達することはない。そのときに**古い固定観念を捨てて新しい時代を読み切る思考枠組みの大転換（パラダイム・チェンジ）**は大前提となる。そこで重要なのが歴史的な俯瞰《ふかん》能力である。本書では、明治から戦後に至る歴史的な視点も多く提供することにつとめた。未来を創るには、過去との対話が必要だからである。古めかしい未来と真新しい過去と対話すること、それが、歴史を学ぶ喜びである。

第四は、**世界から学ぶ**ということである。いまの日本の問題点はすべての問題を自前主義で解こうとしていること、あるいは日本だけの事象と思い込んでいることである。世界には同じような経験があるし、見習うべきことも多い。内に閉じこもっているうちに、日本人の思考が世界から大きくかけ離れてしまったことを危惧《きぐ》している。

本書では近年自分の目で見てきた世界をなるべくリアルに描こうとした。芭蕉やトクヴィルではないが、自分の目で世界を眺め、自分の足で未知の世界に踏み入ることは重要である。

そうしたことを念頭に置いて書いてきた本書だが、初めに日本の具体的ゴールについて書いておきたい。

これもトゥールーズ大学での授業に関係がある。日本の明治以降の経済発展についての講義の中で、今回の東日本大震災に話題が及んだとき、一人のアメリカ人学生が「日本は再び共通の目標をもてた」とコメントした。もちろん、彼のコメントは、アヘン戦争後の帝国主義下で独立を果たさなければならなかった明治維新、第二次世界大戦後の廃墟《はいきょ》からの復興、さらに一九七〇年代に襲ったオイルショックとニクソンショックという国難から次々と立ち直っていった日本を理解した上でのものであった。それだけに、教師としての僕は実に嬉しい気持ちになった。「そうなんだ、日本は共通の目標をもつと実に強い国なんだ」、と。

いま、日本がしなければならないことは、国民のばらばらな期待をコーディネートするような大きな方向性を掲《かか》げ、政策プライオリティを決定して、それを日本国民および世界に同時発信していくことだ。危機における政府やリーダーたちのもっとも重要な役割は安心感を与えること、すなわち「日本はすでに復興軌道に乗り、巡航速度に向けて加速しつつある」というメッセージを発することである。それには大きな時代観が必要であり、ゴールはもう明らかだ。

(1) 脱原発・脱炭素社会を支えるクリーンテクノロジーの世界的リーダーとなる

ために、当面**あらゆる分野で三〇パーセントの省エネルギーを実現する**

(2)最新技術や最新社会概念に基づいた**五つのスマートシティを東北地域に建設する**

(3)それを実現するための権限委譲された**五つの特区を新設し、将来の都市国家建設の第一歩とする**

(4)特区の復興調達に関しては、**アファーマティブ・アクションとして外国籍企業、中小企業そして設立三年以内の新興企業の調達枠を設ける**

詳細は本文に譲るとして、こうした大きな方向性を示して加速度をつけることが重要だ。なぜなら、大きなビジョンと権限委譲は次々と新たなアイデアを呼び込み、ダイナミズムを生み出すからだ。現にフェイスブック上ではすでに創発的活動が始まっており、一例としては、「この地球のために技術者の力を結集しよう(the Engineer's power to the Planet)」という技術者集団が、小さなアイデアを次々と発言している。

主催した西海秀文《にしかいひでふみ》さんは、フェイスブックで以下のように語っている。

趣旨はあまり難しく考えないでください。技術者がこの地球で起こっている課題解決のために、ちょっとだけがんばれば、世界は良くなると思うのです。例えば、あと一ワットの節電を自分の開発している製品にがんばって導入できたとします。世界中で何万、何億という工業製品が一ワット減るだけで、何万、何億ワットも減らせます。そんな構想（妄想？）を実現したいと思うのです。

これが本書の主張する「創発的破壊」、そして日本におけるジャスミン革命の本質である。こうした小さな改善を大きなうねりにすることはわれわれがもっとも得意とするところであり、その潜在能力は日本の至るところに潜《ひそ》んでいるのである。

日本そして日本人がいま勇気を出して一歩を踏み出さなければ、新しい時代に取り残されてしまう。この期《ご》に及んで、まだ原発推進や現状延長線上での産業力維持といった寝とぼけたことをいう政治家や経営者がいる。少子高齢化が深刻化する日本にあって、これまでの延長線上に未来を創っていけるとでもいうのか。イノベーションを生み出さない復旧で、世界の誰が日本を羨むのか。彼らを信じるな、若さや新しい技術を信じろ、旧体制を創発的に破壊しなければならない。

そして、自分たちの手でパラダイム・チェンジを、静かなるジャスミン革命を起こすのだ。

二〇一一年五月　米倉誠一郎

※註は各章末に入れた。

1　スティーブン・ジョンソン『創発』(山形浩生訳)、ソフトバンククリエイティブ、二〇〇四年。

2　この点に関しては、拙著『経営革命の構造』(岩波書店)、あるいは一橋大学イノベーション研究センター編『イノベーションと知識』で述べてきた。

『創発的破壊——未来をつくるイノベーション』目次

第六章

世界から学ぶ

第七章

歴史に学ぶ——大隈重信の革新性

二一二

序
大震災以降の社会を構築する

少数の決定的な集合体(クリティカル・マス)が世界を創る

日本は未曾有《みぞう》の大災害、東日本大震災に見舞われた。この原稿を書いている段階では予想の域を出ないが、福島原発による後遺症もかなり深刻なものとなるだろう。すでに、一〇〇〇兆円に達しようという借金大国日本にまた新たな試練が降りかかったのである。しかしそれは、まさに禍《わざわい》を転じて福となす時期、すなわちまったく新しい日本を創造するときが到来したともいえよう。ただし、「復旧」や「再建」などという言葉を安易に使ってはいけない。もう一度かつての日本を再現するというニュアンスがあるからだ。古い日本を創発的に破壊して、新しい日本を創造する気概《きがい》が必要だと思う。それにはわれわれの思考枠組《わくぐ》みに大きなパラダイム・チェンジが必要である。

パラダイムとはものの考え方や概念枠組みのあり方をいう。そして、当たり前だが、パラダイム・チェンジとはそれを大きく変えることをいう。ものの考え方や概念枠組みが変わることなど当然のように思えるが、その渦中《かちゅう》にいる人間にとっては、そんなものが変わるとはとても思えないものなのだ。たとえば、女性の参政権やソ連の崩壊などはかつて、多くの人が「絶対にありえない」と思っていたことである。最近でも、中東に市民革命の火の手が上がるとは誰も思ってはいなかったろう。「民主化された中国などはありえない」というパラダイム、これとてどうなるかはわからない。

パラダイム・チェンジの実態が明らかにされたのは、こうした政治経済の分野ではなく、科学の世界においてであった。その端緒《たんしょ》を拓《ひら》いた科学史家トーマス・クーンの名著『科学革命の構造』は、コペルニクスの地動説をはじめとして、当初は誰も信じなかった説がある日突然ともいえるように定説になっていく過程を明らかにした。いまとなっては常識となっているが、太陽ではなく地球が太陽の周りを回っているという地動説は、まずわれわれ人間の直感にも反しているし、キリスト教的世界観にいた中世の人々にとっては受け入れがたい事実だったろう。同じように、酸素や細菌といったミクロの存在が発見され、宇宙や地球の成立過程がじょじょに明らかになり、人類の起源などの定説が次々と覆《くつがえ》っていった。いわゆる科学革命が進行していったのである。

このプロセスでクーンは面白い傾向を発見する。

まず、新たな学説を言い出す科学者の多くは変人・狂人あるいは異端者と見なされ無視や迫害を受ける。科学者といえど、多くの人間はたいがい保守的なのである。続いて、先駆者の学説や考え方の正しさを信奉する何人かの集団が形成される。これらの人々は決して学会やその分野の大多数（マジョリティー）ではない。しかし、彼らはその分野で中核的な存在であり、人数は少数であっても決定的な集合体（クリティカル・マス）を形成していくのである。こうしてクリティカル・マスが形成されると大勢は逆転する。したがって、まず重要な役割を果たすのは、現存する常識や定説がどんなに強固で、ときには既得権益者が激しい攻撃を仕掛けてきても、決して屈しない新パラダイムの提唱者である。厳しい宗教裁判で有罪になろうと、「それでも地球は回る」とつぶやける人間なのである。続いて重要なのが、その周りに集まる「クリティカル・マス」といわれる人々である。

少数の人間からパラダイム・チェンジは始まる――そんなことが起こるのであろうか。

こうした疑問もあろうが、戦後日本は実はこのパラダイム・チェンジの賜物《たまもの》であるというのが、本書の第一の主張である。

戦後日本のパラダイム・チェンジ

戦前日本は悲しい戦争への道にはまり込んでいった。日本がアジアに進出し、大東亜共栄圏という発想に行き着いた大きな前提として、物理的に三つの要因があげられていた。

1. 日本には天然資源がない。とくに二十世紀経済を支える石油には恵まれていない
2. 四方を海に囲まれた耕作面積のきわめて少ない島国である
3. その狭い島国に当時七五〇〇万人の人口がひしめき、すぐに一億人に到達するであ

ろうという過剰人口をかかえていた（当時のイギリスやフランスの人口がそれぞれ四〇〇〇万人。東西合わせたドイツでさえも六〇〇〇万人）

たしかに日本は石油もなく、島国であり、人口過剰であった。こうした物理的限界に加えて、米英からの政治的プレッシャー、ブロック経済化する世界情勢の中で、日本は満州から南アジアを含めた経済圏を構築することによって、経済的活路を見出そうとしたのであった。当時の欧米諸国の世界戦略、あるいはヒットラー・ドイツの優勢を鑑《かんが》みれば、日本がこの種の決断に傾いていった側面を理解できないわけでもない。もちろん、何と言《い》い訳《わけ》しても、他国を侵略し、他国民の領土と心情を蹂躙《じゅうりん》する行為が許されるわけではないし、行き着いた先は敗戦という惨《みじ》めな結果であった。

その後、戦後日本は大方の予想に反して大躍進を遂げ、世界第二位の経済規模を築き、後に「奇跡」と呼ばれる物理的発展を遂げるわけだが、いっそう興味深いのは、発展そのものよりも、戦後復興における日本人の思考プロセスの大転換の方である。

というのも、物理的三条件のうち、戦後になって何かひとつでも変化があったかといえば、まったくないのだ。急に天然資源に恵まれたことも、耕作面積が増えたことも、著しい人口減少に見舞われたこともない。基本的な要件は何ひとつ変わっていないのである。ただ、日本人の考え方に大きな変化が生じた。そこが重要なのである。

視点を変えれば不利が有利に

戦後日本は徐々に立国のあり方を以下のように設定し直していった。

1. 資源がないので輸入による加工貿易立国
2. 島国とは、四方を海に囲まれた海洋貿易にとって最適の立地

3. 人口過剰ではなく、一億人という豊富な労働力と巨大内需

資源がないから外に取りに行くという発想から、資源がないならば世界から輸入すればいいという発想の大転換は、まさにコペルニクス的転回である。同時に、原料を輸入して付加価値をつけ、再び輸出するという加工貿易立国も「コロンブスの卵」的発想である。二番目の「四方を海に囲まれた島国」という条件すら、不利から有利な条件へと変化する。原料輸入、加工貿易といった通商にとって、四方を海に囲まれているということは、まさに四方に世界からのアクセスポイントがあるということとなった。日本は貿易立国のためにあるような立地だと再定義されたのである。

こうして、加工貿易による通商立国が戦後のビジョンとなったわけだ。

そして、そのビジョンにおける最大のボトルネックである海上輸送も戦時中に蓄積された造船技術によって解決されることになる。

巨大艦船は推進時に大きな水圧を受けるため、もともとは船頭から船尾に至って造り込

むことが造船技術の基本だった。しかし、ワシントン条約脱退後に軍備拡張を開始した日本海軍は短期間で海軍力を増強する必要にかられ、大型艦船を短期で建造する方法を模索した。そこで、技術者たちは大型船をいくつかのブロックに分けて建造し、最後にビレットで溶接するというブロック造船技術を戦中に開発したのであった。この戦時中のイノベーションを民生利用して、戦後、大型タンカーが立て続けに建造された。

第一、第二の限界がこうした発想の転換によって解消されると、第三の過剰人口に対してもまったく違う視点が生まれだす。

すぐにでも一億人に達するという国内市場は決して過剰ではない。むしろ、加工貿易の前提となる大量生産・大量販売の一大実験場といえる。しかも、それはマーケットであるだけではなく、優秀で勤勉な労働力プールでもある。事実、戦前の日本は欧米諸国の中でも義務教育が進み、規律の効いた労働市場を形成していた。すなわち、日本は人口過剰ではなく、豊富な労働力と巨大市場を併《あわ》せもつ素晴らしい内需の塊《かたまり》である。

このようにパラダイム・チェンジされたのである。

クレイジー・アントルプルヌアとしての西山弥太郎

ここまで見事なパラダイム・チェンジは歴史上でもそうは見当たらない。まさに、帝国主義的な拡大主義からきわめて現実的な貿易立国思想への転換であった。

こうした大転換は自然に生まれたわけではない。世間から非常識・無謀といわれ、激しい反対にあっても決して怯《ひる》むことなく前へ前へと突き進んだ企業家とそれに続いたクリティカル・マスとしてのフォロワーたちによって実現されたのである。

貿易立国というパラダイム・チェンジに関して、時代を牽引《けんいん》した日本人を確認しておきたい[1]。それは、日本が誇るべき技術者、経営者西山弥太郎《にしやまやたろう》、川崎製鉄株式会社（川鉄）初代社長である。

戦前の「鉄の街」といえば、八幡《やわた》、釜石《かまいし》、室蘭《むろらん》などほとんどが原料立地であった。アメリカのピッツバーグ、ドイツのルール地方など昔ながらの鉄の街も原料立地である。しかし、現代日本の「鉄の街」は東京、名古屋、大阪など大都市周辺に存在している。この近代製鉄所を消費地周辺に建設する、すなわち消費地立地を本格主導したのが西山弥太郎である。

彼は一九五〇（昭和二五）年、朝鮮動乱でやっと息を吹き返したばかりの時点で、千葉に銑鋼《せんこう》一貫製鉄所の建設を宣言した。日本にはまだ二七本の旧型高炉が残存し、再工業化など覚束《おぼつか》ない時期であったにもかかわらず、千葉に世界最新鋭の一貫製鉄所を新設することを通産省に申請したのである。当時経済界にあって「法王」と恐れられた日本銀行総裁一万田尚登《いちまだひさと》には、残念ながら、西山の説く意味がわからなかった。激しいインフレと対外債務《さいむ》急増の中で、一万田は西山構想に激怒し、「川鉄千葉にはペンペン草を生やしてみせる」と大反対した。たしかに、一万田が反対した理由もよくわかる。外貨も底をつき、やっと玩具《がんぐ》や繊維といった軽工業で息を吹き返した日本経済にとって、いきなり約一六〇億円（そのうちなんと八〇億円は政府からの

西山弥太郎
©JFE Steel Corporation

援助をもくろんでいた）もかけた最新鋭工場の建設とはいかにも無謀であった。

当時のジャーナリズムは「暴虎《ぼうこ》馮河《ひょうが》のたぐい」「太陽を素手で摑《つか》む」とこの決断を表現し、猛進する西山を「川鉄の天皇」と呼んだ。こうしてときの世論を沸かせた「法王対天皇」の論争が始まったのである。しかし、西山には、

> 超重要課題は唯一設備の近代化だ。好調に酔い、自立化、合理化を怠るものありとするならば、いずれ来る厳しい国際競争に敗れ落伍《らくご》せねばならない。（『鉄鋼新聞　年頭所感』一九五一年一月）

という厳しい危機意識がある。そして、「よしんば政府資金がでずとも、私は万難《ばんなん》を排《はい》して成功に導く自信と勇気を持っている。（中略）神経に病んでくよくよしていたら一歩も進めない。三日先の見通しは神ならぬ身の知るよしがない。機に臨めば亦《また》新たな考えも出てくるというものだ」（『同　年頭所感』）、という勇気と強い意志があった。西山弥太郎に

とって、新たな最新鋭製鉄所を造り、世界中から高品質の原料輸入をするならば、製鉄所は消費地すなわち東京に近い方がいいと考えるのは、きわめて合理的な判断であり、決して思いつきで生まれたものではなかった。

西山は東京帝国大学冶金《やきん》工学科を優秀な成績で卒業し、川崎造船所（後の川崎重工業）に就職後は、日本鉄鋼界においてもっとも栄誉ある「服部賞」を受賞した筋金入りの平炉技術者であった。また、戦中にかけては取締役工場長として製鉄現場を預かる経営者でもあった。西山はまさに製鉄生産の最前線で体を張ってきた技術者経営者だったのである。そして、どんなにすぐれた製鉄技術があっても、原料である銑鉄《せんてつ》供給を他社に依存するしかない単独平炉企業の悲哀が、戦中のもっとも苦い経験として、西山の中に宿っていた。一貫生産をしないかぎりは、国家資本であった日本製鉄株式会社（日鉄）から原料供給を受けるしかなかったのである。とくに、戦況悪化にあって日鉄からの銑鉄供給が不安定になると、製鉄プロセスである高炉を建設して、一貫製鉄所になりたいという思いが西山の中で強く湧いたのであった。他人の事情で自分の技術を左右されたくない、という技術屋魂であろう。

結局、日本は敗戦を迎えるが、このとき西山は、川崎重工製鉄部門の平取締役工場長であり、まだ主要な役職に就いていなかった。

それが幸いした。

進駐軍によって強行された経済人パージで、社長以下、上位取締役が追放となる中、平取締役であった西山は追放を免れ、川崎重工の経営を担うことになったからである。西山は一九五〇（昭和二五）年八月に造船主体の川崎重工から製鉄部門を独立させ、川崎製鉄株式会社を創立する。

いまやその意味が忘れられつつあるが、戦後日本の経済発展にとって「経済人パージ」が果たした役割は大きい。とくに、日本の優良企業五〇〇社の各社トップ五人前後が一斉に追放された開放感は特筆すべきである。[2] 若くて力のあるドリーマーたちに突然大きな経済空間（エコノミック・スペース）が広がったのである。

川崎製鉄の分離独立の背景は、当時関係者によると、「小さく再建していこう」という造船部門の重役たちと、「これをチャンスに大きく飛躍したい」という西山との間に大きな溝があったためという。[3] そして、八月の独立後早くも一一月に、西山は川鉄千葉の建設を申請したのであった。

一九五〇年、独禁法によって日鉄は八幡と富士の二社に分割され、完全民営化された。「同じ民間企業に生命線である原料供給を押さえられることになる」、という危惧《きぐ》も西山が銑鋼一貫生産を急いだ理由であった。当然、背景を知らない世間は驚く。騒然とする世論とは裏腹に、西山には焦土と化した日本の復興の道程がはっきりと見えていたのである。

今に鉄は木材よりも安くなる。いや、安くしてみせる。

日本を再建するには豊富な鉄材がどうしても必要なことは自明であった。そのためには、旧式の製鉄工場ではなく、大量生産を可能とする「米国式最新鋭工場」建設が必須であった。さらに復興の第一歩は首都東京再建以外にありえない。もともと優良な鉄鉱石や石炭が豊富ではない日本が、原料輸入によって貿易立国を目指すならば、東京に近く、良港に恵まれた千葉は、決して荒唐無稽《こうとうむけい》な立地ではない。西山に躊躇《ちゅうちょ》はなく、法王の反対も通産省のためらいも西山を止めることはできなかった。そして、この大胆な投資決定に刺激されたかのように、一九六〇年代に向けて日本は投資先行型の高度経済成長に突入していったのであった。

大きな時代観と楽観的進取の精神

西山弥太郎の構想力と実行力を振り返るとき、そこには二つの重要な教訓がある。まず、日本の復興にとって本質的に何が必要なのかという「大きな時代観」である。空爆によってずたずたにされた日本にとって、そのインフラ建設から工場や商業施設、もう少し後には高層ビルなどの再建・新設のために鉄鋼需要がないわけがない。さらに、対外侵略をやめ貿易立国という選択をしたならば、海上輸送に欠かせない大型造船も大きな鉄鋼需要を形成する。冷静に来《きた》るべき未来を構想すれば、最新鋭の銑鋼一貫工場はむしろ当然すぎる論理的帰結であった。

もちろん、こうしたことを後知恵でいうことは簡単である。西山にかぎらず多少ともこうした復興の道のりを感じていた人々がいなかったわけではないだろう。ただ、目の前の現実と輝ける未来との間のギャップに、多くの人はその一歩が踏み出せなかったにちがいない。そんな中で、西山には「神経に病んでくよくよしていたら一歩も進めない。三日先の見通しは神ならぬ身の知るよしがない」という開き直りがあった。たしかに、前代未聞のことを始めるのだから先のことはわからない。

わからないからやらないのではなく、わからないからやってみるのである。

そうしたときに、「機に臨《のぞ》めば亦《また》新たな考えも出てくるというものだ」という経験と知識を積んだ企業家らしい、楽観的な言葉が出たのである。

いまの日本には技術も金（だいぶ心もとなくなってしまったが）も人材もある。ただ欠落しているのは、大きな時代観に基づいた決断力と、「機に臨めば亦新たな考えも出てくる」という楽観的進取の精神なのではないか。

流れを読み、流れに乗る

川下から川上に泳ぐのと、川上から川下に泳ぐのでは、その結果に大きな違いが出る。流れに逆らって泳いでも体力消耗する割には大きな成果は出ない。逆に、流れに乗れば少ない努力で何倍もの成果を上げうる。復興という流れを読み切った西山の決断は大きな成果を生んだ。同じように、戦後大きな成果を上げた企業家たちの多くは同じような流れを読み、成功を呼び寄せている。

東京通信工業（後のソニー）を創業した井深大《いぶかまさる》も、初めてトランジスターの発明を耳にしたとき、「ラジオだ」と直感したという。工業製品やせいぜい補聴器程度のマーケットしか想定されていなかったときに、井深は大衆が喜んで使うポータブル・ラジオを想起したのである。

松下幸之助の戦後の取り組みも同じだ。戦後初めて渡米した幸之助がそこで見たのは、まさに「豊かなアメリカ」であった。便利なものがまるで水道の栓をひねれば出てくるように手に入る。従来から思い続けていた「水道哲学」を実践できる社会を創りたい。そう考えたわけだ。

本田宗一郎も同じだ。彼は廃墟《はいきょ》と化した日本を見て、一般庶民の手に入る便利な交通手段「バタバタ」から事業化を再スタートした。「バタバタ」とは自転車に簡単なモーターをつけたオートバイで、その音から「バタバタ」と呼ばれ親しまれた。次の大ヒットは「スーパーカブ」、これも決して高級市場を狙ったものではない。蕎麦《そば》屋、新聞屋、八百屋《やおや》の配達など、まさに日々の暮らしに欠かせない交通手段を想定したものである。このスーパーカブは現代のアジア諸国でも、同じような大衆需要を掘り起こし続けている。井深、松下、本田、彼らはみな来るべき大衆消費社会を読んでいたのである。

さて、戦後の来るべき姿を少し違う角度から見ていた企業家もいた。西武鉄道の総帥《そうすい》堤《つつみ》康次郎《やすじろう》である。彼は激しい空爆の最中、日本の敗戦と天皇制廃止を予想し、戦後売りに出るであろう皇族たちの土地を買い占めることを思いついたという。さらに、その瀟洒《しょうしゃ》な土地にいくつものホテルを建設する。名前はもちろん「プリンスホテル」。命名理由の真偽はともかく、多くの人が空爆におびえる中で、冷徹に次の時代を構想できたというならば素晴らしい。

もうひとつ付け加えたいのが、こうした時代を読んだときの彼らの年齢である。敗戦という未曾有の惨状に遭遇した一九四五年八月、西山弥太郎は五二歳、井深大三七歳（井深のもとに駆けつけることとなる盛田昭夫はわずかに二四歳）、松下幸之助五〇歳、本田宗一郎三八歳、堤康次郎でさえまだ五六歳だった。この大震災からの創造にあたって、もっともっと老若男女の企業家が日本に出現していい。とくに、西山のように大企業からスピンオフするエンジニア集団が欲しい。

来るべき時代は何か

では、この東日本大震災を経て日本が迎えるべき時代とは何なのだろうか。

冷静にそして冷徹に考えれば、クリーンエネルギー先進国になること、そしてそのモデルを世界とくに発展目覚ましい新興国へ売っていくこと以外にありえない。

今回の震災で地震国日本における原子力発電推進の芽はほとんど消失した。日本は先進国の中でフランスの約八割に次いで約三割を原子力発電に依存していた。しかし、今後その原発に頼れない一方で、CO_2削減や価格高騰《こうとう》の理由から石炭・石油資源などのいわゆる炭素エネルギーに依存できないとなれば、日本に残された道は世界に先駆けてクリーンエネルギーを開発することしかない。

クリーンエネルギーに関しては水力に加えて太陽光、太陽光熱、風力、地熱などが考えられるが、これまでの議論の決定的な欠陥は電力供給のあり方を常に、集権的な安定供給か分権的な複合的供給かという二項対立的な議論に終始させてきたことである。

日本のエネルギー供給は「中央集権か分権か」、あるいは「火力か自然エネルギーか」、といった二者択一ではなく、複数の組み合わせをどう実現するかというニュー・パラダイムで考えることが重要である。安定的な電力系統を提供する集権的な電力供給会社と、各地での地域色を活かした電力供給体制である。とくに、今回被災が激しかった東北エリアでは、水力、火力（天然ガスを含む）、風力、地熱はもちろん間伐材《かんばつざい》ペレットなど複数の電源をベースにした分散的発電が志向されるべきであろう。[4]現実にこうした試験的発電の可能性について、すでに研究体制はできている。いまはそれを実行に移すときなのである。

こうした分散型電力システムや民間ビジネスの可能性を探る企業家あるいは電力会社からのスピンオフがもっと出てよい。

かつて、電電公社や巨大企業のNTT以外は日本の公衆回線を担《にな》えるわけがないと思われていたのに、いまではソフトバンクやauが立派に役割分担を果たし、安くて便利な供給を実現している。電力であっても不可能はない。大手電力会社はもちろん三菱重工、東芝、日立といったメーカーサイドからのスピンオフを期待したい。もちろん、このときスピンオフとは、ただたんに会社を辞めることだけをさすわけではない。「はじめに」で触れたフェイスブック上での「技術者の力を結集しよう」という呼びかけの例のように、既存の組織や枠組みを超えたところで、個人として新たなアイデアを生み出し、「創発的破壊」を行うことでもある。

また、現存する原発、石炭や石油といった炭素原料をいきなり全否定することも現実的ではなく、いかに戦略性をもって脱原発シフトを策定し、低炭素社会を構築するかが鍵となる。そのためには、勇気をもった企業家たちに依存するだけではなく、政府内に日本中の科学者やビジネスマンを糾合《きゆうごう》するような戦略的組織が構築されるべきであろう。

まさに、国家再建計画でもあるからだ。

やっと、菅内閣でも復興会議が立ち上がったが、そのとき注意すべきことは、既得権益や古いパラダイムを指向する人間をのさばらせないことである。かつての成功体験が忘れられない人々あるいは既得権益の上にあぐらをかいている人々は、画一的電力系統供給体制の温存を主張するだろうし、これまでの延長線上における「創造ではなく復旧」、すなわち昔の姿に戻す安易な道を主張するだろう。しかし、カリフォルニア州よりも小さい日本にどうして一〇もの電力系統会社が必要なのであろうか。安定的な基礎電力は二、三社の大手電力会社が供給し、その他は分散化された電力供給体制が各地で模索された方がいい。終戦から六五年もたった今、すべてのシステムを白紙から描き直す発想が必要である。巨大負債を抱えた東京電力はビジネス部門と負債処理部門に分けて、ビジネス部門は他の電力系統と統合するなどの施策もある。

日本におけるジャスミン革命

ここまで書き進んだときに、あらためて、これまでの日本を根底から創り直すときがやってきたと痛感する。新しい日本を創造するにあたって、何が必要なのだろうか。前述したように、戦後日本のパラダイム・チェンジは、戦前の認識を、

1. 資源がないので輸入による加工貿易立国へ
2. 四方を海に囲まれた海洋貿易にとって最適の立地
3. 豊富な労働力と巨大内需を抱えた一億人市場

とポジティブに認識したことに始まった。そして、現状のパラダイム・チェンジは、

1. エネルギーがないのでエネルギーを創る。すなわち脱原発・脱炭素化社会におけるエネルギー開発のリーダーへ
2. これまでの東京一極集中から分権化社会へ
3. 世界で進む少子高齢化問題の先進的解決国へ

であることは間違いない。

では、このパラダイム・チェンジはいかにすれば可能か。どうすればいいのか。

それを本書でこれから追っていくわけだが、最初にひとつだけ断言しておきたい。

必ず、こうしたパラダイム・チェンジは可能である。ただし、今回の大変革は少数の企業家によって担われた従来のモデルと異なる可能性がある。中東でフェイスブックやツイッターで革命が広がったように、**今回のパラダイム・チェンジは無数の小さな声が一連の大きなうねりとなって現状を創発的に破壊し、新たな複数均衡点を日本各地に創造する**のである。したがって、この動きは日本におけるジャスミン革命として名をとどめる可能性が高い。

1　この点については、「西山弥太郎にみる戦後復興の精神と時代観」『中央公論』二〇一一年五月号でも同様の趣旨を述べている。

2　パージについては、拙稿「経営と労使関係における戦後改革」香西他編『戦後日本の経済改革』東京大学出版会（一九九三年）。

3　この点については、拙稿「戦後日本鉄鋼業における川崎製鉄の革新性」『一橋論叢』第九〇巻第三号（一九八三年）、「日本鉄鋼業の革新者：西山弥太郎―川崎製鉄」伊丹敬之・加護野忠男・宮本又朗・米倉誠一郎編『ケースブック　日本企業の経営行動4　企業家の群像と時代の息吹き』（有斐閣、一九九八年）などを参照のこと。

4　東京大学生産技術研究所の金子祥三特任教授の試算によれば、間伐材ペレット比を三〇パーセントにしても効率発電は可能という。

第一章

新しい資本主義を創る

「機に臨めばまた新たな考えも出てくる」

楽観的進取の精神に則《のっと》って、いまは行動するときである。

序章でこのように述べたが、要は他人頼みではなく個々人が小さなイノベーションを重ねていくことである。

本章以降では、すでに動き出している実例を参照しながら、「創発的破壊とイノベーション」のあり方をさまざまな角度から探っていく。その前段階としてまず、いままでの資本主義を踏襲《とうしゅう》していてはなぜいけないのか、というところから始めたい。

経済の本格的回復に必要なもの

十八世紀以降に始まった産業革命以来、著しい生産力向上を遂げた人類は景気の循環に悩まされ続けてきた。生産過剰と需要減退が循環をなし、好況・不況という景気循環が繰り返されるのである。さらに、生産過剰と需要拡大の波が何かをきっかけにシンクロナイズ（共振）すると、経済は実体経済の何倍もの大きさにバブル化する。当然、実体とかけ離れたバブルはいずれ破裂し、その反動としてより大きな景気後退をひき起こす。

とくに、近年のグローバル経済の進展によって、生産過剰は世界規模で起こり、そこに世界資金の過剰流動性が加わるとバブルが発生しやすくなる。さらに、金融工学の知識が巧みに利用されてリスクが見えにくくなったりすると、需要サイドにきわめて幻想的な資産効果が生じてバブルがいっそう巨大化する。

これまで、どんな不況でも長い循環の中では景気はいずれ回復し、再び好況の波に立ち戻ってきた。しかし、たんに循環に任せた自然治癒ではその途中の痛みが激しすぎる。そのため、政府は財政出動によって需要喚起《かんき》を行い、著しい景気後退を人為的に緩和《かんわ》しようとする。イギリスの経済学者ケインズが提唱したいわゆる有効需要政策である。

しかし一〇〇年近く前に、この種の経済対策は対症療法にすぎず、本質的な経済発展にはなりえないと喝破《かっぱ》した経済学者がいた。ヨゼフ・シュムペーター（一八八三〜一九五〇）である。彼の名言、「馬車を何台つないでも機関車にはならない」が示す通り、現在の延長線上にある経済刺激策は短期的な供給力を誘引することはあっても、長期的な成長を牽《けん》引《いん》することはできない。経済の本格的回復には、これまでの経済循環を根底から覆《くつがえ》すようなイノベーション、すなわち新しい付加価値の形成が必要なのである。その意味で、ケインズが「穴を掘って、また埋めるのも有効需要だ」といった静態的な考え方とは一八〇度異なる。

もう元には戻らない

リーマン・ショック以降の経済不況にあって、「全治三〜五年」などといっている人がいた。東日本大震災の直後である現在であっても、いずれ元の経済に戻ると疑っていない人がいる。

しかし、この経済はもう元に戻らないし、戻してもいけないと思う。

無から大金を生むような金融商品の幻想を追いかけ、デジカメや携帯を一人で何台ももち歩き、まだまだ使える自動車を二〜四年で乗り換える。多額の設備投資を続けた液晶テレビを原価割れで売り、技術者が叡智《えいち》を絞った半導体技術を二束三文《にそくさんもん》でたたき売り、地球資源をいたずらに浪費する成長だけを追い続ける。

そんな社会にもう一度戻るというのだろうか？

今われわれに必要なのは、そんな後ろ向きの発想ではなく、「新しい資本主義を創る」という気概だと思う。その意味で、今回の景気後退や震災による打撃をたんなる景気循環や天災のひとつとして済ませるのではなく、明治維新そして第二次世界大戦後に続く、「現在」という質的転換点への遭遇ととらえることを忘れてはならないと思う。

とくに日本では人口動態に大きな変化が生じている。団塊の世代が定年を迎え、団塊ジュニアたちが経済の中核だが、人口成長の勢いはない。こうして需要自体が縮小しているのにもかかわらず、新興国からの製品供給力は増している。少ない需要にものがあふれれば、市場は常にデフレ圧力に晒《さら》される。そこに昔ながらのケインジアン政策を打ち続けても、砂漠に水を撒《ま》くような効果しかない。

残念なのは、こうした現状把握がなされないまま、リーマン・ショック以降の世界的な景気後退の中で日本政府が意味のないバラマキを続けていることだ。二〇〇九年にバラまかれた確定給付金は総額二兆円。民間最終支出三〇〇兆円に対して一パーセントに満たない金額で消費意欲が高まるわけがない。乗数効果に関してはきわめて疑問符のつく政策だった。こうしたケインジアン的政策は世界的潮流で、日本ばかりでなく多くの国が採用した。

しかし、日本こそこうした政策を打たずに未来へ投資すべきだった。

なぜなら、つい一〇年ほど前にこうした政策がまったく役に立たないことを証明したばかりだったからである。小渕政権で実行された地域振興券や二〇〇〇円札の導入を思い出してほしい。地域振興券が何に消えたのか、多くの人は記憶にすらない。自動販売機の改装だけでも大きな内需が見込まれるという触れ込みであった二〇〇〇円札に至っては、何の役にも立たなかったことは子どもでも知っている。戦略性をもって未来につながる投資をしなければならない時期に、日本政府は何度、無駄金を浪費すれば気が済むのだろうか。「元に戻す」という発想から「新しい世界に突入する」という意識に転換が行われないかぎり、それは難しいであろう。今回の復興についても同じことがいえる。

確定給付金の二兆円をもし全国中学校の太陽光発電化に使っていれば、すごいことが起こったはずだ。日本には中学校が約一万一〇〇〇校ある。そのうち五〇〇〇校に対して四億円を投資できたことになる。かつて拙著『組織も戦略も自分に従う!』(中公新書ラクレ)でも書いたことだが、これだけインターネットが普及すれば未来の学校に図書館は要らない。どこの国にいようと世界最高の図書館に自由にアクセスできるからだ。途上国の教育制度にとっては実にありがたいことである。しかし、途上国には豊富な電気がない。もし、日本が中学校の太陽光発電化といった先進的取り組みを二〇〇九年の段階でしていれば、世界の教育界が賞賛を送ったばかりでなく、多くの視察団を派遣することとなっただろう。それこそ、「クール・ジャパン」[1]なのだ。

いまは、お金をバラまいて元に戻す時代ではなく、新たな時代に投資する段階なのである。たとえれば、「さなぎ」が蝶《ちょう》になるような段階であって、再び「さなぎ」の姿に戻すときではない。

資本主義を舐めてはいけない

資本主義のダイナミズムを新たな次元で実現することを、ここでは「新しい資本主義」と呼ぶ。

新しい資本主義については、すでに公益資本主義、公徳資本主義、ソーシャル・ビジネスといった新しい概念の導入が提唱されているが、結局まだ単一の解はないと思う。重層的なアイデアがさまざまな状況で相互補完しつつ、「新しい資本主義」という実体が構成されていくのではないか。したがって、いまなすべきことは一言で定義できるような単一回答を求めるのではなく、その手がかりをできるだけ数多く列挙し、それぞれの意味をきちんと理解することだ。

ただその前提として、資本主義のパワー、すなわち富を創出するパワーを舐《な》めてはいけないとは思う。

ソビエト連邦が約七〇年をかけて証明したことは、「富の分配」に関して社会主義はすぐれた仕組みかもしれないが、「富の創造」に関しては資本主義の方がはるかにすぐれた仕組みである、ということである。一九七九年鄧小平《とうしょうへい》による改革開放政策の推進以降、中国の大発展が明らかにしたことも、やはり資本主義体制のもつ爆発的成長力である。さらに、その中身を詳しく見てみると、その富の創造において重要な役割を果たしているのは、企業家（アントルプルヌア）たちによるイノベーションの追求と、激しい競争による創造的破壊であった。

したがって、新しい資本主義といいながら「企業家たちの爆発的パワー」を削《そ》ぐような社会主義的なスキームを提示しても、懐古趣味《かいこしゅみ》的な後退にすぎないことは強調しておきたい。むしろ、企業家たちのイノベーションを促進しながら、強欲的利益至上主義や暴力的なグローバリゼーションといった資本主義の暴走を制御することを考えてこそ、二十一世紀的といえよう。

企業家（アントルプルヌア）とイノベーション

本書では、企業家という言葉とイノベーションという言葉がキーワードとして何度も使われる。

企業家（アントルプルヌア）とは、シュムペーターのいうところのイノベーションの担い手であり、現状を創造的に破壊し新たな経済発展をもたらす変革の推進者である。そして、その激しい魂《たましい》の発露《はつろ》を「企業家精神＝アントルプルヌアシップ」と呼ぶが、それは心構えではなく、能力・技能にかかわる言葉である。最近ではベンチャー企業の担い手をアントルプルヌア（あるいは英語風にアントレプレナー）と呼ぶため、「起業家」と表記するのをよく見かけるが、その本来の意味からすれば、事業を起こすだけではなく、さまざまなイノベーションを企《くわだ》てるという「企業家」という方がしっくりする。

また、これまでさまざまなところで指摘してきたように、イノベーションとは「技術革新」だけを指す言葉ではない。

イノベーションとは、新しい経済的な価値を創造する一連の社会経済行為である。それは技術的な発明（インベンション）ではないし、技術革新に基づく価値創造に限定されるものでもない。新市場の発見、組織の革新など新しい経済的な価値を創造するものはすべて含まれる。さらにいえば、これまで世界機関、政府あるいは地方自治体が国際援助資金、税金、補助金などを使ってやってきた仕事を、民間ビジネスの力で効率的に行うこともソーシャル・イノベーションとして含められる。

イノベーションが社会経済にとって大きな重要性をもっているのは、生産関数を非連続に変化させるからである。企業は原材料を調達し、それを財やサービスに変換する。実は、政府や国際機関においてもそのプロセスは変わらない。この変換を行うプロセスを表記するのが生産関数である。その生産関数を非連続的かつ飛躍的に増大させるのがイノベーションである。

「馬車を何台つなげたとしても、機関車（イノベーション）にはならない」。先にもあげたが、経済発展におけるイノベーションの重要性をはじめてとりあげたシュムペーターの言葉である。時速二〇キロの馬車を一〇台つなげても時速二〇〇キロにはならない、機関車には「既存のシステムを大きく変革せざるをえないような飛躍」があるのである。馬車を何台つなげようが、既存のシステムを変更する必要はない。しかし、機関車を導入するためには、線路を敷き、駅を作り、運行スケジュールを調整しなければならない。機関車はまさに既存の均衡を破壊するイノベーションであった。したがって、イノベーションとは現状を「創造的破壊」する原動力ととらえられたのである。

シュムペーターのイノベーションに対する認識は当初より広く、

(1)新しい製品の導入
(2)新しい生産手段の導入
(3)新しいマーケットの発見
(4)新しい原料や半製品の導入
(5)新しい組織の導入

これら五つのファクターの新しい組み合わせ(new combination)によって生まれると説

いた（シュムペーター『経済発展の理論』）。

このイノベーションの概念を拡大したのが、アバナシー（William Abernathy）とキム・クラーク（Kim Clark）である。シュムペーターがイノベーションは大きな変革を伴う均衡の破壊であると考えていたのに対して、アバナシーたちは、小さな変革もイノベーションであると考えた。彼らは技術変化の大きさを横軸にする一方で、既存マーケットと新マーケットのあり方を縦軸にとらえてイノベーションを四類型化した（図1）。

まず、既存の技術体系を破壊する技術とまったく新しい市場を創りだす組み合わせを「構築的革新（architectual innovation）」。同じく既存の技術体系を破壊する技術（プロダクト・イノベーション）とすでにあるマーケットの組み合わせを「革命的革新（revolutionaly innovation）」。一方、既存技術体系を強化する技術体系をベースに、新しいマーケットを開拓する「間隙《かんげき》創造（niche creation）」、既存マーケットを深掘《ふかぼり》する「通常的革新（regular innovation）」の四類型に分類した。彼らのすぐれている点はイノベーションをたんなる技術だけではなく、市場との関係においてとらえようとしたことである。

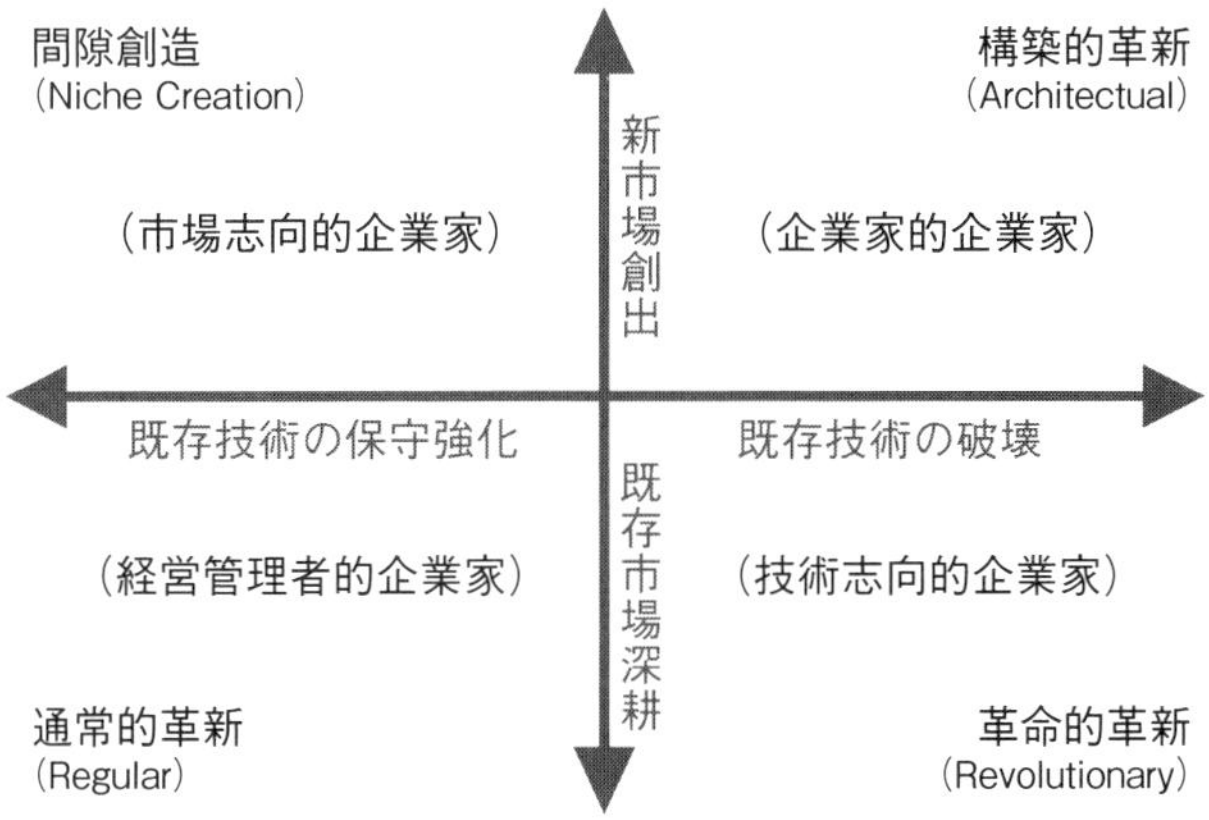

(出所)Abernathy and Clark(1985)より作成。

図1　イノベーションの類型比例

さて、イノベーションが類型化されるならば、それを遂行《すいこう》する企業家もこの類型によって分類され、さらに必要な能力すなわちアントルプルヌアシップも類型化されるはずである。まず、新しい技術によって新しいマーケットを創造する「構築的革新」を遂行するには、技術とマーケット双方に対して鋭い知識と洞察力をもつことが必要であり、そうしたイノベーターはまさにシュムペーターのいう**「企業家的企業家」**に類型化されよう。

一方、既存のマーケットをまったく新しい技術で塗り替える「革命的革新」を遂行するには、新しい技術力が必要である。たとえば、同じ飛行機というマーケットでも、プロペラ・エンジンをジエット・エンジンに転換したり、同じレコードでもアナログからデジタルCDにするような技術力である。こうしたことのできる企業家は**「技術志向的企業家」**であり、技術的なイノベーターである。

既存技術をベースに新しい市場を創造するのは、マーケットに対する洞察力をもつ**「市場志向的企業家」**である。このタイプの企業家は、すでにあったテープレコーダーとイヤフォンを組み合わせ、歩きながらステレオを聴くウォークマンというまったく新しい市場を創り上げた。マーケット・センスの賜物《たまもの》である。

既存技術で既存市場を深堀するのは日々のカイゼン・改良にすぐれた**「経営管理者的企業家」**である。アバナシーたちのもう一つのすぐれた視点は、それまでのイノベーション論で排除されてきた日々のカイゼン・改良あるいは地道なプロセス・イノベーションを立派なイノベーションと認定し、この**「通常的革新」こそが競争力の源泉**としたことであった。これは一九八〇年代までにNIH（Not Invented Here）症候群に罹《かか》っていたアメリカ企業を諌《いさ》め、物真似といわれながらも競争力を高めてきた日本企業を評価することとつながったのである。

なぜ「創発的破壊」なのか

アバナシーたちによるイノベーションの類型化により、地道なプロセス・イノベーションや新市場創出の重要性がクローズアップされると、技術とマーケットに対して創造的破壊だけを求める「企業家的企業家」像に対しても修正が求められよう。既存の技術や既存のマーケットをより深く追求する継続的な破壊、すなわち「創発的破壊」も視野に入ってくるからである。

とくに、今回の大震災以降の日本では、これまでの製品をいままでの何分の一あるいは何十分の一の消費電力で動かすような継続的イノベーションが求められている。そこでは、技術者や管理者たちの小さなイノベーションの集積が大きな変化、すなわち「創発的破壊」を生むようなダイナミズムが想定されている。まさに、イノベーションと企業家に対する多様な視点が必要とされているのである。また、「はじめに」で述べたように、製品改良による省エネはわずか一ワットの削減に過ぎなくても、それが何百万台、何千万台と出荷されるならば、幾何級数《きかきゅうすう》的な変化となる。

まさに、創発である。

このようにイノベーションの類型化は、イノベーションの遂行者である企業家に必要な能力や技能を明らかにする。すなわち、いつの間にか「企業家精神」と翻訳され、精神のあり方あるいは意欲や勇気などといった計測不能な範疇に追いやられた「アントルプルヌアシップ」の定義も明らかになるということだ。それは精神力や根性ではなく、技術、市場、組織、マネジメントに関わる能力である。もちろん、意欲、勇気、冒険心などは必要であるが、要求されている能力を理解せずにイノベーションを遂行することはできない。さらに、イノベーションの類型化は、創造的破壊というイメージに加えて、静かなる革命「創発的破壊」の意味も明らかにするのである。

なお、イノベーションに注目が集まり、詳細な研究が始まったのは比較的最近のことである。まだまだ、詰めなければならない点は多いが、イノベーションは企業の競争力の源泉として重要なだけでなく、新しい価値を生み出すという点において、われわれの生活にとっても必要不可欠なものであることは間違いない。政治、行政、教育など企業経営以外でもイノベーションはますます重要となっているのである。

震災後の現在、経済・政治・社会・教育、あらゆる分野で課題は無数にある。そしてそのどれも、いままでの枠組みの延長線上では解決しえないレベルにある。

それを解決していくのは、少数の企業家による「創造的破壊」だけでなく、無数のエンジニア、マーケターそして社会企業家による「創発的破壊」の累積的イノベーションであるところに現代の面白さがあるといえよう。

1 「クール・ジャパン」とは、日本の文化産業などを国内外に発信、育成をめざす、経済産業省の戦略をさす。

第二章

すでに起きている未来——日本のイノベーターたち

固定概念にとらわれないこと、行動すること、試行錯誤《しこうさくご》しながら前に進むこと。イノベーションを生み出す人々にはそれらの共通点がある。嬉しいことに日本でもそういった人たちによって、いまも現在進行形で、新しい資本主義が創られつつある。

日本の中に新しい成長の芽を発見する取り組みとして僕も参加しているものに、「日本イノベーター大賞」がある。この賞は、『日経ビジネス』が二〇〇二年から主催している、日本のイノベーターたちを顕彰《けんしょう》する企画である。

これまでスタジオジブリ・プロデューサー鈴木敏夫さん、トロン開発者である坂村健東京大学教授、カーボンナノチューブを発見したNECの飯島澄男さん、楽天の三木谷浩史社長、スイカの基盤技術であるFeliCaを考案したソニーの伊賀章《いがあきら》さん、医師でありながら新しい人工心臓の開発を主導した米国テルモハート代表取締役の野尻知里《のじりちさと》さん、ツィッターなどのプログラム言語に採用されたルビー開発者のまつもとゆきひろさんなど多くのイノベーターを選出・顕彰してきた。

これまでは純粋ビジネス分野のイノベーターたちに焦点が絞られがちだったが、近年ではより広いコンテクストで素晴らしいイノベーションが起こっている。ここでは第五回目の旭山《あさひやま》動物園園長の小菅正夫《こすがまさお》さん、第七回目のマイクロファイナンス・インターナショナル・コーポレーション代表取締役社長の栃迫篤昌《とちさこあつまさ》さん、そして第九回目の日本理化学工業株式会社・代表取締役会長である大山泰弘さんたちをとりあげる。初回から審査員として参加し、日本のイノベーターを顕彰するプロセスに関わっている者として、新しい資本主義社会の側面を紹介しておきたい。

旭山動物園・小菅正夫さんのイノベーション

すでに述べたように、イノベーションとは技術革新のことだけではない。新しい発想で社会経済活動に新しい付加価値を生むことすべてがイノベーションといえる。

旭山動物園園長小菅さんの取り組みはまさにイノベーションそのものである。

北海道旭川の小さな市営動物園。この取り組みはNHKで取り上げられたり、映画化されたために、ご存じの方も多いと思う。もともと旭山動物園は極寒の地で冬期営業もできず、一九八四年をピークに来客数は減少し、市議会における廃園決議を前に風前の灯《ともしび》の状態が長く続いた地方の小さな動物園であった。それを一九九五年、園長に就任した小菅氏は新たな発想で一大改革し、一九九七年以降は入園者数が急増、二〇〇四年七月は一八万五四六一人、八月は三二万一五〇〇人と東京上野動物園を抜いて月間入園者数日本一を記録した。さらに、二〇〇六年度には三〇〇万人以上の入園者数を数え、三五〇万人の上野動物園に次いで国内二位の人気動物園になったのである。市営動物園という零細経営、北海道旭川空港からバスで一時間という地の利の悪さを考慮すれば画期的なことといわざるをえない。入園者による旅費、宿泊費、飲食、お土産代などの経済効果は年間八〇億円とも推計され、旭山動物園が地元に及ぼした貢献は計り知れない。

さて、小菅さんのイノベーションとは何だったのだろうか？

それは深い知識をベースに、いわゆる動物園という固定概念を打ち破ったことである。北海道大学獣医学部出身の小菅さんは、園長就任にあたって、なぜ動物園の人気がないのかを根本から考えたという。そもそも子どもたちの多くは動物が好きなのに、なぜ動物園が面白いといわないのだろう。来園者の声を聞いてみると、動物園の動物は、「面白くなさそうに空を見ているか寝ているだけだから、ちっとも楽しくない」、と。たしかに、動物園は動物がもっとも活き活きするところを見せていない。それどころか、一番つまらないシーンばかりを見せているのではないか。

動物行動学からすれば、彼らがもっとも活き活きするときとは、餌《えさ》を食べるとき、繁殖するとき、あるいは他愛もなく遊んでいるときであり、狭い檻《おり》に入れられて行動を制限されていれば彼らの動きはつまらない。しかも、夜行性の動物を昼間に見せても、彼らは寝ているだけなのである。そこで、小菅さんは餌を食べるところ、遊ぶところ、行進するところなど、動物が動き回る姿を見せる「行動展示」という概念を前面に押し出し、旭山動物園のコンセプトを再構築したのである。

さらに、小菅さんは「お客など来るわけがない」といわれた真冬に動物園を開場した。零下何十度にもなる旭川で真冬に動物園を開業するとなれば、多くの人は非常識だと思った。しかし、小菅さんは知っていた、ペンギンはもちろんホッキョクグマ、アザラシなど冬の動物たちは真冬に見ると実に面白いことを。

もちろん、はじめは恐る恐るの実験的開場だったが、来園者の反響は大きかった。こうして一年の半分は開店休業であった極寒の地の動物園は、一年を通じて日本中の人気スポットになったのである。

ただ、小菅さんはむやみに動物園を冬に開場し、ただ単に餌をあげているところを見せたわけではない。さまざまな知識を動員して、それぞれの動物の行動がもっとも活き活きする展示を工夫し、展示施設を再設計したのである。そのため、旭山動物園の動物たちの展示はきわめて来園者の近い所でなされている。いまにも手に触れそうな距離なのである。その距離感は緻密《ちみつ》に設計されたものであり、アドホック（その場かぎり）なものではない。たとえば、オランウータンは木から木に移るとき、両手を枝から同時に離すことはないという実証結果がある。小菅さんたちはこうした行動科学の知識を駆使して迫力のある距離感を設計しているのである。僕が旭山動物園を訪ねたとき、小菅館長は自らその距離感や動線を楽しそうに示してくれた。

日本中の多くの地域起こしが、博物館、美術館、政府施設など箱モノ建設に依存し、結果として赤字を垂れ流している現在、旭山動物園の成功には学ぶべきことが多い。

なぜなら旭山動物園はハード的にはどこにでもある、人気のない地方動物園にすぎなかったからである。

しかし、動物知識の豊富な園長を迎え、彼に大きな権限を与えることによって、地域の特色を生かしたまったく新しい動物園として蘇《よみがえ》った。それは、箱モノといったハードウエアの刷新ではなく、中身まさにソフトウエアのイノベーションだったのである。しかも、地域に根ざした知識はこれまでの常識を覆《くつがえ》して、ペンギンの行進や目前に迫るホッキョクグマのダイビングなど、旭川ならではの演出を可能とした。

旭山動物園の成功はイノベーションが単なる技術革新だけではなく、さまざまな知識に基づいた既成概念への挑戦だということを教えてくれる。

こうした創意工夫が日本各地の自治体で行われれば、積みあがった財政赤字も大きく減少していくだろう。

栃迫篤昌さんと日本発の社会企業モデル

第七回日本イノベーター大賞受賞者の栃迫篤昌《とちさこあつまさ》さんは、二〇〇三年、五〇歳のときにマイクロファイナンス・インターナショナル（ＭＦＩＣ）を起業した遅咲きのイノベーターである。ＭＦＩＣは米国ワシントンＤＣに本社を置く、アメリカにおける移民労働者の本国送金を支援する金融ソフト会社であり、いまもっとも世界の注目を集める社会企業である。

栃迫さんは、大学卒業後、旧東京銀行（現三菱東京ＵＦＪ銀行）に入社し、主として海外勤務を続けてきたベテラン金融マンであった。彼は長年、南米・北米の勤務をするうちに、大きな社会矛盾を発見していた。それはアメリカに出稼ぎに出た南米からの労働者が本国送金にあたって、実に法外な手数料を取られている事実だった。栃迫さんはこの事実に憤《いきどお》り、ワシントンＤＣにＭＦＩＣを立ち上げたのである。

アメリカにおける本国送金は、ウェスタン・ユニオン銀行などの正規手数料も一五パーセントと割高だが、出稼ぎ労働者の多くは不法滞在で銀行口座を開設することもできず、近くのタバコ屋や酒屋を通じた裏金融を使っている。そのため、一生懸命働いた二〇〇ドルを送金しても家族の手元に届くのは一三〇ドル足らずという状態になっていたのである。栃迫さんはこの事態を何とかしようと、独自のＩＴ技術とネットワークを使って三・五パーセントの手数料で送金を可能とするシステムを創り上げ、ワシントンＤＣにマイクロファイナンス・インターナショナルを立ち上げたのである。当然のことながら、このシステムは多くの労働者から熱い支持を受け、いまや多数の金融機関が加入するネットワークになり、アメリカにおける一大金融事業へと発展している。

さらに、枌迫さんのシステムは単に出稼ぎ労働者にとって福音となっただけでなく、世界経済全体にとって大きな影響力をもつシステムとなりつつある。アメリカから南米各国への送金は年間約五五〇億ドル（五〜六兆円）にものぼるが、正規の金融システムに乗っているのは、そのうちのわずか一五パーセント程度だけだという。逆にいえば、八五パーセントは闇《やみ》金融を通じて送金されているということだ。これは犯罪の温床《おんしょう》になるだけでなく、五兆円近くのお金がまったくの死に金になっているということになる。もしそれだけの金額が正規の金融システムに乗っていれば、送受信の間に運用することが可能となり、再び貧しい人々に貸付けなどを行うことができる。

死に金がマイクロファイナンスとして蘇るのだ。

このシステムは、日本やアジアでも応用可能。グローバルな展開が視野に入ってくるのは当然であろう。

日本人初のアショカ・フェローの原点は心ない言葉

世界でもっとも権威のある社会企業家支援団体アショカ財団はこのシステム創造を高く評価して、栃迫さんを日本人として初めて同財団アショカ・フェローに選んでいる。日本人がこれだけの社会企業をアメリカで立ち上げ、多くの人々から感謝されているばかりか、経済的にも大きな貢献をしているというのは実に誇らしい。そして、もっと嬉しく誇らしいのはこのシステムの立ち上げの原動力が、栃迫さんの実に人間らしい原体験に根ざしていることだ。

その原体験が、三菱東京UFJ銀行員としての安定した地位と生活を擲《なげう》って、五〇歳にして栃迫さんをイノベーションに向かわしめたのである。

いまから三〇年ほど前の二六歳のとき、彼は東京銀行新入社員としてメキシコに語学研修に派遣され、そのときに親しくなったメキシコ人から夕食に招待された。その夕食後に、彼は一生後悔してもしきれない言葉をその家族に発してしまったという。貧しいがとても温かいもてなしを受けた帰りがけに、友人の息子が駆け寄ってきて、

「お兄ちゃんまた来てね、今度いつ来てくれるの？」と何度も何度も尋ねた。

「そうだね、でもなぜだい？」

「だってお兄ちゃんが来てくれたんで、半年ぶりにお肉が食べられた」

「えー、お肉って出たっけ」


この最後の質問が枌迫さんの生涯の後悔となり、また原動力になったという。夕食には豆料理とトウモロコシのパン、そしてうすい野菜スープが出たと彼は思っていた。しかし、そのうすいスープには小さな糸くずのような肉がわずかに浮いていたことに気がついたのである。自分の心ない言葉を恥じた枌迫さんは、いつか彼らの役に立つ仕事をしたいと思い続けた。それがＭＦＣＩなのである。

杤迫さんのように日本の銀行で十分な経験を積んで、五〇歳にして世界を相手に社会企業を立ち上げた人がいる。しかも、その原動力になったのが、少年に発してしまった心ない一言。なんとも勇気が出る話ではないか。しかも、彼の立ち居振る舞いは決して気負ったところがなく、いかにも謙虚で穏やかである。ああ、こうして新しい資本主義は創られていくのだ。

日本理化学工業・大山泰弘さんの軌跡と奇跡

二〇一〇年のイノベーター大賞特別賞に選ばれたのは、日本理化学工業株式会社会長の大山泰弘さんだった。日本理化学工業は一九三七（昭和一二）年に設立された老舗チョークメーカーである。社員数七三人の小さな会社だが、二〇〇八年度の売上げは五億三九〇〇万円、最終利益は一六〇〇万円で、黒板から飛粉《ひふん》が出にくい「ダストレスチョーク」ではは国内シェア三〇パーセントを誇るトップ企業である。

われわれが同社会長の大山氏をイノベーター特別賞に選んだのは、同社のシェアが大きいからだけではなく、同社社員の七割すなわち五五人が知的障害者だからである。

ただし、同社は障害者施設あるいは障害者のために創設された工場などではなく、普通の営利企業として戦前から存在してきた会社である。さらに、同社の知的障害者の半数以上が重度障害である事実を知ると、大山さんがやってきたことはたんに法的義務として障害者を雇用していることとは質的な違いがあることがわかる。大山さんのイノベーターたる所以《ゆえん》は、重度障害者をまさに実戦力として活用していることにある。この大山泰弘会長と日本理化学工業が、どのようにして新しいタイプの企業を創り上げたのかについて見てみよう。

障害者雇用のきっかけ

大山さんが日本理化学工業に初めて障害者を雇ったのは、五〇年も前の一九五九年のことである。同社の近所にあった養護学校の先生が、大山さんにその施設の子どもの採用を懇願したことにはじまる。そのとき、創業者の長男であった大山さんは二代目社長として経営を引き継いだばかりであった。

「障害者は足手まといになりかねない」

事業経営者であれば当然そう考える。当時、大山さんもそう考え、施設の先生に丁重に断りを入れた。しかし、その先生は簡単に諦《あきら》めずに、何度も、何度も大山さんに懇願した。何度かやり取りがあるうちに、諦めたのは教師の方だった。諦めつつも彼は、「採用は諦めます。でも、この子たちに働くということを体験させてあげてほしい」と、二週間ばかりの体験就業を願い出たのだった。大山さんは、「二週間たてば終わり。正直、肩の荷が下りたと感じた」と当時を振り返る（『日経ビジネス』二〇〇九年一一月三〇日号）。

こうして日本理化学工業は二人の一五歳の少女を受け入れたものの、彼らが何かできそうな仕事を形式的に与えただけだった。すると二人は毎朝誰よりも早く会社に来て、声をかけるまで手を止めないほどまじめに働き続けたではないか。約束の二週間が終わろうという頃、大山さんに彼らの雇用継続を懇願したのは、なんと現場の社員たちだった。

「この子たちを採用してください。私たちが面倒を見ますから」

小さなチョーク製造会社に余裕があるわけではない。しかし、一生懸命に働く二人の姿、それを支援する社員たちのことを思うと、大山さんの心に彼らを採用したいという感情が込み上げた。悩んだ大山さんの背中を押したのは、創業者である父親が病床でつぶやいた言葉だったという。

「知的障害者が働く会社が、ひとつぐらい日本にあってもいいだろう。やってみたらいい」

二人の少女は翌春から社員として働くことが決まり、その後定年退職を超えてまで同社に勤め上げることとなった。

もちろん、社員の七割を障害者が構成し、しかも業界トップの業績を上げるようになるまでの道のりは決して平坦なものではなかった。まず、知的障害者を雇用することは決して効率がいいとはいえない。普通であれば、一度の指示や説明で済むものが、障害者には何度も繰り返さなければならない。また、一般社員は自分の仕事だけでなく、障害者のケアまでしなければいけない。事実、そうした不満が社内に充満したこともあったという。金融機関からも、「なぜ障害者を雇用するのか」と疑問の声があがった。しかし、大山さんは障害者雇用を優先する理念を貫いた。その間の経緯を大山さん自身は次のように語っている。

障害者を雇うようになって数年経っても、彼らがなぜ喜んで工場に通ってくるのか、私は不思議でなりませんでした。工場で働くよりも施設で暮らしたほうが幸せではないかと思っていました。言うことを聞かないため「施設に帰すよ」と言うと、泣きながら嫌がる障害者の気持ちがわかりませんでした。

そんなとき、ある法事で禅寺のお坊さんと席が隣合わせになり、その疑問をぶつけたことがありました。するとそのお坊さんは即座に、「幸せとは、①人に愛されること、②人に褒められること、③人の役に立つこと、④人に必要とされることです。愛はともかく、あとの三つは仕事で得られることですよ」とおっしゃったのです。私はその言葉に深く納得しました。

働くことは自分のためであるが人のためでもある。企業が利益を追求するのは当然ですが、同時に社員が幸せを求める場でもあると考えるようになりました。

四九年前、知的障害者の受け入れを始めたのはほんの偶然でしたが、健常者・障害者を問わず、働けることは幸せなことであり、その幸せを与える場が企業なのだと考えるようになった私は、障害者雇用にこれまで以上に積極的になりました。一九七五年には川崎工場が、「心身障害者多数雇用モデル工場」の認定第一号となりました。（「長老知慧　大山泰弘」『週刊東洋経済』二〇〇九年一月一七日号〜二月七日号より抜粋）

こうして、大山さんと日本理化学工業は、雇用の半数以上を重度障害者とする方針に踏み切り、認定工場となった。その後も可能なかぎり「弱い立場の人」を優先的に雇用するようになったのである。

障害者の戦力化

障害者雇用を増やすといっても、数を数えられない、時計や時間を理解できない、道具を使えないといった知的障害のある彼らを、そのまま使っていたのでは事業として成立しない。大山さんは、障害者の弱点と得意分野をしっかり把握したうえで、さまざまな工夫を凝《こ》らして彼らを戦力化していった。さらに、日本理化学工業の社員全員も次第にそのように工夫する企業風土を築き上げていったのである。その間のプロセスを大山さんは次のように語っている。少し長くなるが、大山さんの経営観と人材育成の神髄《しんずい》を物語っているので引用しておきたい。

知的障害者の多くは、はかりの目盛りを読み取れません。しかし、天秤《てんびん》ばかりを使うようにして、必要な分量と同じ重さの重りを用意して、重りと容器に色を塗り、「青の容器の材料は、青い重りで量って混ぜる」といったことを決めておけば、彼らにもできます。

この色分けのアイデアは、彼らが信号を守りながら一人で通勤してくることに気づいてひらめきました。信号がわかるということは色を識別できるということですから。

時計が読めなくても、このスイッチを入れたら砂時計を引っくり返して、砂が落ち終わったらスイッチを切るんだよと教えれば、きちんとできます。

一人ひとりと付き合いながら、何ができて何ができないかを少しずつ理解して、工程を改良する。そうやって知的障害者とともにやってきました。それは振り返ってみれば、人間の能力の発見ともいえる作業でした。

人が生きている以上、能力がゼロということはありません。人間を工程に合わせるのではなく、工程を人間に合わせるという発想が大事です。確かに健常者が一時間に一〇〇〇個組み立てられるものが、知的障害者は一〇〇個しかできないかもしれません。でも作業を切り分け、得意な工程に特化すれば、五人で五〇〇〇個できるかもしれない。生産工程は、細分化・単純化が進んでいるだけに、改良の余地があります。要は能力を生かす工夫をしているかどうかです。

知的障害者であっても、皆それぞれ頭の中で情報処理をしています。理解できるように指示をするようにしたり、工程を変えたりしてみる。そうすれば彼らも一人前の戦力になります。私の会社でもできているんですから、優秀な日本の経営者が知恵を出し合えば、もっと障害者を雇うことができるはずです。

一人ひとりの特性に合わせてもっとも効果的な作業を考案する。まさに感動的な取り組みだが、大山さんのこうした取り組みは本当に障害者に限られたものだけでいいのだろうか。

一人ひとりの個性や能力に合わせた適材適所を策定し、組織全体をパワーアップすること、それこそ現代日本のレベルアップにもっとも必要なことなのではないだろうか。

日本のQCサークル活動や、ジャスト・イン・タイム生産方式などは、ある意味、日本の現場力すなわち生産労働者の能力を最大限発揮させるすぐれた仕組みであった。しかし、その後にすぐれた組織イノベーションが日本では生まれていない。とくに、知識創造社会に入った二十一世紀、知識生産者であるホワイトカラーの創造力を最大化することがもっとも重要な課題なのに、新たなイノベーションが見当たらないのである。

これだけIT技術が発達したいま、これまでのように組織の形に個人を押し込めるのではなく、個人の技能や個性に準じて組織形態を柔軟に変えていくことは決して難しいことではない。フリーアドレスのオフィスデザインやフレックスタイムに基づいた在宅就業、テレワークなどは、もっと真剣に考慮されてもいい。単に長時間労働を競うワークハードから、ワークスマートに変わるときなのである。

大山さんと日本理化学工業の取り組みは単に知的障害者を多く雇っているからすごいのではなく、人間がもつ本来の力を十分に発揮させることができる取り組みとしてイノベーティブなのである。さらに、大山会長の静かで謙虚なたたずまいにも触れておきたい。イノベーター大賞以来、何回か講演に来ていただいたが、いつもおごることなく、静かだが力強く語る大山会長の言葉に多くの人が勇気づけられるのである。

嬉しいエピソード

大山さんが五〇年も前に初めて採用した障害者社員の一人である林緋沙子さんは、同社定年規定六〇歳を超えて、その後も再雇用制度を使って五年間働き、上限六五歳を二〇〇九年春に迎えた。そのとき、林さんには九七歳の母がまだ健在だったという。明るく元気な林さんは職場でも必要とされる人材で、会社としてはまだまだ働いてほしいと本人に伝えたところ、九七歳の母親から、「必要なら、ぜひとも働かせてやってください」と手紙が来て、林さんはまだ元気に日本理化学工業に出社しているという。

驚くべきことは、一般的な考えからすれば大きなハンディキャップを抱える日本理化学工業が新商品を生み出し、経営成果を出していることである。前述したようにダストレスチョークは国内シェアナンバーワンだし、ガラスなどの平面に自由に描けて濡れ雑巾《ぞうきん》で簡単に消せるクレヨンのような新製品「キットパス」も学校はもちろん商業施設などでも人気が出ている。この本を読んだみなさんも自分の母校や子どもの学校に行って、日本理化学工業のチョークが使用されているか確かめてほしい。もし使用されていなかったら、すぐにでも採用を薦めてほしい。ちなみに、一橋大学で調べた結果、すべて日本理化学工業のダストレスチョークが採用されていたのには少し嬉しくなった。

最後に同社を取り上げた『日経ビジネス』の文章を引用しておこう。

周囲の欠点を互いに補い合い、働く幸せを感じられる環境の日本理化学工業では、仕事に誇りを持って笑顔で取り組む現場がある。誰もが「何かおかしい」と感じながらも時代の波にのまれて利益偏重主義が主導する今、日本理化学工業の経営は企業のあり方を考えるうえで一つのヒントを与えてくれる。(『日経ビジネス』二〇〇九年一一月三〇日号)

これも新しい資本主義のたしかな一側面である。

第三章

ソーシャル・イノベーションという方法

前章で紹介した、マイクロファイナンス・インターナショナルや日本理化学工業の例からもわかるように、現代の企業家たちのイノベーションは、必ずしも経済的利益の最大化や効率性の追求のみを志向しない。

新しい資本主義では、利潤動機以外で人をつき動かしていく社会貢献や利他主義も、経済社会を変革する重要な要素となっている。そうした静かなムーブメントが創発的な破壊を生み出し、新しいダイナミズムを呼び込んでいるのである。

「ソーシャル・イノベーション」あるいは「ソーシャル・ビジネス」と呼ばれる方法である。本章では、それらについて、詳しく見てみたい。

国に任せてはいられない

現在、「ソーシャル・イノベーション」あるいは「ソーシャル・ビジネス」が話題になることが多い。

明確な定義は未だ定まっているとはいえないが、ソーシャル・イノベーションあるいはソーシャル・ビジネスとは、「社会的課題を、国の政策や税金を使わずに、イノベーティブなビジネス手法を使って解決すること」といえよう。

すでに述べたように、技術革新だけではなく、新しいビジネス手法や新市場の開拓、さらには新しい組織形態もイノベーションなのである。したがって、ソーシャル・イノベーションとはまさに社会的課題に対するそうしたさまざまな取り組みを指す言葉である。

一方、ここでいう社会的課題とはいわゆる貧困、南北格差、福祉、失業、インフラ（社会基盤）整備、教育、差別、公共事業などである。これらの諸課題は本来、政府や地方自治体あるいは国際機関が、税金や国際援助を使って解決すべきものとされてきた。しかし、政府・国際機関の仕事は官僚的で非効率、しかも採算を考慮していない。また、二十世紀後半から多くの先進国は厳しい財政難に直面するようになり、国内福祉も国際援助も減少傾向に陥ってしまった。

　とくに、日本の財政赤字はすべて合わせると一〇〇〇兆円ともいわれ、世界的に見てもきわめて深刻な状態にある。それは国内総生産（ＧＤＰ）の二〇〇パーセントにも上り、二〇〇九年度に国家破綻の危機に陥ったギリシャの一二〇パーセントをはるかに上回っている。この深刻な赤字にもかかわらず、日本の無責任な政治家は国民を馬鹿にしたような「ご機嫌取り」「バラマキ」政策に終始している。

　これではたまらんと、山積する社会的課題を税金を使わずにビジネス手法で解決しようという動きが注目を集めているのである。

ユヌス博士とグラミン銀行

面白いことに、こうした動きに先鞭《せんべん》をつけてきたのは先進諸国の人々ではなく、むしろ最貧国のひとつであるバングラデシュのイノベーティブな人々であった。なかでも、ＢＲＡＣ（バングラデシュ農村向上委員会）とグラミン銀行はその先駆者として知られている。とくに、グラミン銀行とその創設者ムハマド・ユヌス博士は二〇〇六年にノーベル平和賞を受賞したことによってスポットライトを浴びることとなった。

グラミン銀行とはベンガル語で「村の銀行」を意味し、数千円から数万円程度の資金を貧しい農民、とくに女性たちに貸し付けることによって農業や商工業を再生し、バングラデシュから貧困を根絶しようというマイクロファイナンス機関のことである。一九七〇年代に創設者ムハマド・ユヌス博士がわずか二七ドルのポケットマネーを四二人の農民に貸し付けることではじまったこの銀行は、現在約一〇〇〇億円を八〇〇万人に貸し付ける世界最大の少額融資事業にまで成長している。

ユヌス博士は一九六〇年代にアメリカの大学で経済学博士号を取得し、故郷バングラデシュのチッタゴン大学で経済学を教えていた研究者であった。一九七四年にバングラデシ

ムハマド・ユヌス氏（右）と筆者（左）　写真提供：アカデミーヒルズ

ュを襲った大飢饉《ききん》の中でばたばたと死んでいく多くの同胞を前に、彼は自分が教えている机上の経済理論の無力さを知り、何かできることはないかと農村に出たのであった。そこで彼は多くの農民が悪質な高利貸しの餌食《えじき》になって、日々の暮らしもままならない様子を知る。彼はまずポケットマネーで彼らを悪質な高利貸しから解放し、さまざまな生業《なりわい》につくことを斡旋《あっせん》する。しかも、その額は前述したように米国ドルにしてたったの二七ドルだった。

ユヌス博士はその実践を通じて、村人に必要なのは政府や国際機関の施《ほどこ》しではなく、彼らが自立するのに必要な少額融資であり、彼らの可能性を大きく伸ばす信頼だと確信し、マイクロファイナンス（少額融資）を行うグラミン銀行を設立したのであった。

グラミン銀行は後に、村人に携帯電話サービスを行うグラミン・フォン、フランスの食品会社と提携したグラミン・ダノンなどさまざまな事業に多角化し、いまやバングラデシュばかりかアメリカを含めて世界の国々に拡大している（同博士の『ムハマド・ユヌス自伝』『貧困のない世界を創る』〈ともに早川書房〉はぜひ読まれたい）。

二〇〇九年三月、このユヌス博士と六本木アカデミーヒルズで対談を行う幸運に恵まれ、僕はそのビジョンと人柄にすっかり圧倒されてしまった。あまり軽々しく使いたくはない言葉だが「カリスマ性」という言葉があるとしたら、それはユヌス博士のためにあるにちがいない。それほど人の心を高揚させ、たとえ小さなことでも何かしなければと人々に思わせる力があるのである。ときに熱く、ときにユーモアを交えながら語るユヌス博士の話には、創発的破壊と新しい資本主義を考えるヒントがたくさんあった。新しい世界を築くには、僕たちが常識だと頑《かたく》なに信じ込んでいたものを、ときに大胆に破壊しなければならないのだと。

ここに実際の講演録があるので、紹介しておこう。

貧困のない世界を創る　～ソーシャル・ビジネスと新しい資本主義～

ノーベル平和賞受賞者ムハマド・ユヌス氏　来日記念セミナー

（於ける六本木アカデミーヒルズ日本元気塾セミナー）

グラミン銀行のはじまり

一九七二年、私は留学先のアメリカから帰国し、バングラデシュの大学で経済学の教授となり、素晴らしい経済学の理論をバングラデシュの若い学生たちに教えたいという熱意にあふれていました。

一九七四年にバングラデシュは、凄《すさ》まじい飢饉に襲われました。しかし、後になって実は国の中で食糧が有り余っていたということがわかったのです。それなのに多くの人は食べ物を買うお金がなく、飢えに苦しんで死んでしまったのです。

私は、その状況の前で無力でした。すぐれた経済学の理論はあるけれど、何ができるのか。まったくどうしたらいいのかわかりませんでした。しかし、「理論を捨て去り、一介の人間に戻って考えよう。街中《まちなか》を歩き、貧しい人の横に立ってみよう。そして何か力になれることをしよう」と、行動を起こしていく中で学んでいったのです。

村人たちを取り巻いている状況がわかりはじめ、私は驚きました。絶体絶命に追い込まれた人たちが、必死でほんの少額を高利貸しから借りるのですが、そうすると高利貸しはその人の人生を乗っ取って奴隷にしてしまうのです。それを何度も目にして、「こんなことがあっていいのか」と大変なショックを受けました。

そこでまず、どういう人がどのくらいの額を借りているのか調べたところ、四二人が総額でたった二七ドルを借りていただけだったのです。こんなわずかな金額を借りただけで、こんなに苦しまなければいけないのか。私はそんな教育を受けたことはありませんでした。

私は、この問題は解決できると気がつきました。思いついたアイデアは簡単なものです。「この四二人の人たちに二七ドルをあげて、高利貸しにお金を返済してもらおう。返済したら彼らは解放される。少なくとも私にそれはできる」と考え、ただちに実行しました。

みんなとても喜んでくれ、私が奇跡を起こしたかのような目で見てくれました。「少額のお金でこれほど多くの人を幸せにできるなら、もっとやれるのではないか」と思いました。

いろいろ考えた中で、素晴らしいと思ったアイデアがひとつありました。そこで、大学のキャンパスにいる銀行家のところに行って、「貧しい人々が高利貸しから借りなくて済むように、銀行が貸し付けてほしい」と頼んでみました。ところが、銀行家は「とんでもない。銀行は貧しい人には貸せない。絶対だめだ」と言いました。

何カ月も押し問答が続き、とうとう私は別のアイデアを思いつきました。「私が保証人になります。すべての書類に署名しますから、お金を貸してあげてください」

と、二カ月にわたって説得を試みたところ、ようやく受け入れてくれました。その後、長い歴史となるマイクロクレジットは、そこから始まったのです。

うまくいき始めたことで私は情熱を覚えましたが、銀行の方は渋るようになりました。私は「もう銀行との取引はやめて、自分で貧しい人々のための銀行を立ち上げよう」と思うようになりました。一九七六年、今度は銀行を設立するために当局との戦いが始まりましたが、幸運なことに一九八三年に許可が下りました。

グラミン銀行というのは「村の銀行」という意味です。全国展開で、二万八〇〇〇人以上の職員がいます。平均のローン額は二〇〇ドルぐらいですので非常に少額ですが、貸付総額は毎年一〇億ドル以上になります。今約八〇〇万人の借り手がおり、その九七パーセントが女性です。加入したときには極貧にあえいでいた人たちです。

三〇ドルや三五ドルという少額の借金で自営業をしたりして、収入を上げることから始め、その後少し多くの借金をして、さらに成長していっています。グラミン銀行で五年以上借りている人たちの六五パーセントを、貧困のボーダーラインより上に引き上げることができました。

グラミン銀行がニューヨークに進出した理由

グラミン銀行の面白いところは、そのすべてが借り手の人たちによって回る仕組みになっているところです。今ではバングラデシュ最大の銀行になりましたが、一番貧しい人たちがこの銀行を所有しているのです。そして銀行は利益を上げています。利益はまた銀行の中に戻され、所有している貧しい人々に配当として回ります。

多くの人から、「グラミン銀行のシステムは、どう決めたのですか?」と聞かれます。私はもともと銀行の経営者ではないので、やりながら、戦いながら身につけていったものばかりです。私にとっての最大の財産は、銀行について何も知らなかったことです。既存のルールに縛られることがなかったのです。

では、どのようにルールを決めたのかというと、手続きが必要な場合には、従来の銀行がどうなっているのか、その仕組みをまず見ました。それを学んで理解して、その逆をやるとうまくいったのです。

従来の銀行は金持ち向けの銀行業務をやっていますが、私は貧しい人々を対象にしています。従来の銀行は男性を、私は女性を中心にしました。また、従来の銀行は都心のビジネス街に集中していますが、われわれはもっとも離れた村という場所に行きました。

従来の銀行は担保を必要としますが、私どもは「担保なんて要らない」と言いました。「担保がほしいなら、貧しい人を相手にはできない。何ももっていなくて、食べ物も十分になく死んでいってしまうような人たちに担保を求めるのはクレージーだ」と言いました。

従来の銀行は、借り手が「いままでどういうふうにお金を稼いできたか、誰から借りてきたか」、あるいは「過去に何か悪い経歴をもっていないか」ということを知りたがります。私どもはスタッフに、「われわれが興味をもっているのは彼らの将来だ。過去には興味がない。悪いことをしてきたかもしれないが、それを罰することはできない」と言いました。ですから、過去について質問はしません。

こういうリストが延々と続きます。ですからマイクロクレジットは、「無担保で少額の金額を貧しい人に貸す」というだけのことではなくて、ひとつの制度づくりだったのです。

アメリカでこういう制度がうまくいくかどうか、という議論がありました。私はこう言いました。「私どもに任せてくだされば、アメリカでやってみせましょう」と。そこで、二〇〇八年の一月、ニューヨークのクイーンズ地区でプログラムを始めました。

「なぜ、わざわざニューヨークに来て、こういうことをするのか?」とジャーナリストから聞かれたので、私はこう答えました。「意図的にニューヨークを選んだのです。

ニューヨークは世界の銀行の、いわば首都ですが、『隣人のための銀行業務』はやっていないいんじゃないですか。貧しい生活をしている人たちは、ここでは融資を受ける資格がないようですが、私どもならそれができるということを示しに来たのです。決して恐れることはありません。もし私たちが証明できたら、あなたたちも彼らを相手に業務をやってください」と。

アメリカでは、何百万という人たちが銀行から借りる資格がないばかりでなく、もっているお金が少ないと「口座さえもてない」ということをご存じでしょうか。小切手を現金化する会社があり、口座をもてない人たちは、そういうところで現金化しなければいけないのですが、そこでは一〇〇〇ドルの小切手に対して八〇〇ドルや七五〇ドルしかもらえません。残りは手数料として取られてしまうのです。

もっとも高度な銀行業務をやっているはずの国でこういうことが起きているので、何とかしなければならないと思ったのです。業務を始めてもう一四カ月ぐらい経つでしょうか（※編註：二〇〇八年一月に進出）。約五〇〇〇人の借り手がニューヨークのジャクソンハイツにいて、全員女性です。収入がある人たちには融資をしています。バングラデシュと同じように五人のグループにして、毎週返済というルールでやっています。平均のローン額は二二〇〇ドル、返済率は九九・六パーセントです。

ビジネスの概念を問い直せ

グラミンの家族の子どもたちが学校に行けるよう、教育ローンを提供してきたところ、一〇〇パーセントの子どもが就学しました。高等教育向けのローンも始めました。今では三万五〇〇〇人以上の学生が、医療、工学等を学んでいます。文字も書けなかった家族から出てきた学生が、博士号まで取っています。素晴らしい第二世代が出てきているのです。

あるとき、「私は一五年、グラミン銀行で融資を受けました。家も建てたし、私の事業はこんなに育っています。自分の人生でこれだけのことができました」と、うれしそうに語ってくれた女性がいました。彼女の隣にいた若い娘さんに、「あなたは何をしているのですか?」と聞くと、「私は医大を卒業し、今は医師として働いています」と言いました。

こういうことは、私をとてもうれしくさせてくれますが、同時に疑問も出てきます。「母親だって医師になれたはずだ。しかし、彼女は文字も読めない。彼女を文字も読めないような状態にしたのは、いったい誰なんだろう?」

ひとつの小さな機会が彼女の生活を変え、彼女の娘の生活も変えました。貧困というのは貧しい人たちのせいで起きるのではない。これが、私が学んだひとつの教訓です。

貧困は「制度」がつくるのです。私たちが構築した制度、実施していく政策、そして私たちが設計した概念、こういうものが貧困の種となるのです。貧困は人工的につくられ、課されるもので、制度を是正し、概念や政策を是正することによって、なくすことができるのです。

今、世の中は金融危機の話題で持ち切りです。各地でひどいことが起きているのはわかりますが、私は、「危機を恐れるな。生涯において最大の変化を起こすチャンスととらえよう」と言っています。すべての想像力とエネルギーを注ぎ込んで、危機が始まる前に後戻りしないように、こういうことが二度と起きないように、新しい地点に到達できるよう努力すべきなのです。

とくに、私が焦点を当てたいのはビジネスという概念です。ここからいろいろな問題が発生していると思うのです。現在のビジネスの概念は、人間をつかみきれていません。「利益の極大化こそが人間の目標、ビジネスの最終目標だ」とわれわれは教え込まれてきましたが、これは人間を一次元的な生き物としてとらえているにすぎません。人間はロボットではなく、いろいろな側面をもつ、もっと大きな存在のはずです。

われわれは人間としての力をもっと発揮できるようにしなければなりません。人間は利己的でもありますが、無私でもあります。その両方をもつからこそ人間なのであり、それをベースにすべきです。無私、無欲からビジネスを立ち上げてもいいじゃありませんか。それを私は「ソーシャル・ビジネス」と呼んでいます。社会目標志向で、社会問題を解決するためのビジネスのことです。

ここまで読んでお気づきのように、ユヌス博士の「危機を恐れるな。生涯において最大の変化を起こすチャンスととらえよう」という言葉はまさにこの日本に贈られた言葉である。

ソーシャル・ビジネスで「技術と問題」をつなげば、社会問題は解決できる

私どもが大企業と組むと、みんなが注目するようになりました。まず、フランスの

食品企業ダノンと、「グラミン・ダノン・ソーシャル・ビジネス・カンパニー」をバングラデシュで立ち上げました。ダノンは世界中でヨーグルトをつくっていますが、グラミン・ダノンは、バングラデシュや他の国々の栄養不良で苦しんでいる子どもたちのために、ビタミンや亜鉛《あえん》、ヨード等の微量栄養素を入れた安いヨーグルトをつくりました。

グラミン側とダノン社は、「出資した元本以上の利益はとらない」という約束をし、その後は自分たちで回っていくようにし、そこから収入を上げ、それを再投資するというやり方で合意しています。

社会的な目標のためにソーシャル・ビジネスを立ち上げると、世界観が変わるはずです。考え方、目標も変わるので、設計のあり方も変わり、ビジネスの仕組みも変わっていくのです。とてもわくわくします。多くの子どもたちが栄養不良から抜け出し、幸せになる。子どもたちを健康にすることからも大きな喜びが生まれるのです。みなさんびっくりするはずですよ。私はこれを「スーパーハピネス」と呼んでいます。ぜひそういう喜びをみなさんにも知ってほしいと思います。

フランスのヴェオリアという世界最大級の水の会社とは、「グラミン・ヴェオリア・ウオーター・カンパニー」をつくりました。バングラデシュの水は砒素《ひそ》などで汚染されているために、この会社が水を処理してきれいにして、貧しい人々に売るようにしたのです。非常に安い、手が届く価格なので、人々は気に入ってくれました。

ドイツのBASF社とも契約を結びました。マラリアやデング熱などにも効くような栄養剤を安くつくるためです。ドイツのフォルクスワーゲン社からも「グラミン銀行と組んでソーシャル・ビジネスをやりたい」と申し出があったため、私は「バングラデシュの村人たちが買える車をつくってください。環境に優しく公害を起こさない、そして多目的に使えるエンジンにしてください」と言いました。これも、「やりましょう」ということになって、今デザインについてアイデアを出しているところです。

ソーシャル・ビジネスに一歩踏み込むときには、具体的な目標がなければなりません。われわれはいろいろな種類のソーシャル・ビジネスがつくれるはずです。たとえば環境問題に対処する再生可能エネルギーのために、素晴らしいソーシャル・ビジネスができるはずです。食糧のためのソーシャル・ビジネスも素晴らしいですし、ヘルスケアのサービスが拡大し、最先端の医療が貧しい人にも届くようにするのもソーシャル・ビジネスになるはずです。

ぜひ、日本の企業、日本の若い人々とともにソーシャル・ビジネスをやりたいと思います。日本の若い人々に何かデザインしてほしい。ソーシャル・ビジネスを設計することも、重要な貢献です。まず種を設計し、それを植えつければ、問題は解決の方向に進んでいくはずです。

私が強調したいのは、世界中の企業はパワフルな技術をもっているはずですが、今は「利益を上げる」ためだけに使われている。それを貧困や環境の劣化、公衆衛生、住宅など、世界中のさまざまな問題の解決のために使えば、そういう問題はなくなるはずだということです。

必要なのは、技術と問題を結びつけることです。それがソーシャル・ビジネスです。

今の経済危機は、食糧危機、エネルギーの危機、環境の危機、いろいろなものが合わさっています。すべてのことに対処して、ここから抜け出していかなければなりません。今の時期はじっくり考えて、そして次の段階に入ることが必要です。

（対談）ソーシャル・ビジネスも持続可能でなければならない

米倉誠一郎：「ソーシャル・ビジネスをデザインするだけでもいい」というのは、とても勇気づけられます。

伺いたいのは、たとえばグラミン・ダノンであれば、「どれだけの子どもが栄養を摂《と》れるようになるか」ということを目標にしながらも、やはり利益を上げなければいけないわけですね？

ムハマド・ユヌス：持続可能でなければビジネスではないわけで、だから「ソーシャル・ビジネス」と呼ぶわけです。ソーシャル・ビジネスというのは「利益は上げるけれど、配当はしない」という考え方です。つまり規律は維持しなければいけないけれど、目的が違うのです。コストを低く抑え、より多くの人の手に入るように手ごろな価格にすることで、目標を達成しなければいけないのです。

米倉：ちょっと意地悪な質問をしますが、二〇パーセントの貸付金利というのは高いのではないですか？　日本のサラ金よりも高いですよ（笑）。

ユヌス：それは相対的なもので、バングラデシュの経済の脈略の中で判断しなければなりません。バングラデシュで利益を上げている商業銀行の金利は年率で一六・二五パーセントぐらいです。グラミン銀行の二〇パーセントというのは単利[1]で、複利[2]ではありません。商業銀行の一六・二五パーセントというのは四半期ごとの複利ですから、最終的な金利は高くなるわけです。

私どもの融資は、預金を資金源としているので自給していかなければなりませんが、預金の最高金利は一二パーセント、最低金利が八・五パーセントで、平均すると一〇パーセントぐらいです。グラミン銀行には四つの金利があります。住宅ローンの金利は八パーセント、教育ローンは学んでいる間は金利ゼロで、教育が終わったら単利で五パーセントになります。四番目の金利は、一〇万人以上の物乞いがプログラムに参加していて、彼らへの金利はゼロです。

つまり四つの融資のうち三つの金利は、預金金利より低いので損をしていて、二〇パーセントの金利で埋め合わせをしている、という構造なのです。

米倉：なるほど、貸付けばかりでなく預金も受け入れているのですね。さて日本の企業や日本の人たちが、どういう形でグラミンに協力できるとお考えですか？

ユヌス：いろいろなことにかかわっていただけると思います。たとえばひとつの分野を取り上げるとするなら、とくにＩＴの技術です。ウェブサイトの利用におけるいろいろなファシリティをつくってもらって、たとえば貧しい人々が籠《かご》をつくり、それを自分たちの家にいながらインターネットを通じて世界中に売り、インターネット上で支払ってもらえるようなことをしてもいいと思うのです。

携帯電話でもいろいろなことができるはずです。銀行取引、たとえば銀行と結んで医療サービスを提供することなどができると思います。しかし、商業上、実現可能なものにしなければなりませんし、暮らしに使えるものにしなければなりません。そしてコストを回収することも必要です。そういうことをいろいろ考えてもらえるのではないでしょうか。

米倉：ところでバングラデシュに、インターネットや携帯電話のインフラはあるんですか？

ユヌス：ITという意味では、過去一〇年ほどで世の中は大いに変わりました。私どもは一九九七年、グラミンフォンという会社をつくりました。当時、国全体で固定回線電話が五〇万しかなかったのですが、村に携帯電話が普及するように、グラミンの貧しい女性たちが携帯電話を買うローンを始めました。携帯電話を他の人に貸すことをビジネスにする村のテレフォンレディは、爆発的なビジネスになり、今、四〇万人のテレフォンレディがいます。
二〇〇九年までに、携帯電話は当たり前のものになりました。国内の六社のうち、グラミンフォン社の市場シェアは五三パーセントで、最大の携帯電話会社です。バングラデシュの人口は約一億五〇〇〇万人ですが、四五〇〇万の加入者がインターネットにもアクセスできる携帯電話をもっています。インターネットと電話は同義語になりました。バングラデシュでは、どこに行っても携帯電話の電波が入ります。普及率は今もまだ伸びています。

米倉：（金融危機という）この現状で、グローバル資本主義というものに、みんなが疑いの目を向けるようになっています。僕は自由主義・規制改革派で、グローバル資本主義は大事だと思っています。ユヌスさんはどんなふうにお考えですか？

ユヌス：問題はありますし、いま非常に惨憺《さんたん》たる状態にはありますが、私も資本主義を信じております。その理由はひとつで、私は個人の能力を信じているからです。

すべての人間は無限の潜在的な力をもっていて、その力を発揮できるような環境づくりをすればいいと思うのです。少なくとも理論上、資本主義というのはそれができますし、それを実現しようとしてきたはずです。

われわれが目にしている資本主義というのは、まだ道半《なか》ばです。これは大きなチャンスです。今は、人間についてあまりにも狭すぎる見方をしています。人間は金を生み出す機械ではありません。人間は世界を変えることができるのです。一人ひとりが内在的に希求する力を発揮できれば、資本主義は制度としてずっとよくなり、バランスのとれたシステムになるはずです。未完成の部分をソーシャル・ビジネスによって埋めることができる。その仕組みをつくり上げることによって、いろいろな問題を是正することができると思います。

若い人々はみんな、それをしたがっていると思います。いま苛立《いらだ》ちを覚えているのは、「単にお金をもうけるだけではつまらない」と思っているからなのです。「お金を稼ぐ」のには目的がなければいけません。その目的は「世界を変える、よりよくしていく」ということです。チャレンジをして、われわれはわれわれがつくった世界を自慢できるものにしなければなりません。

米倉：博士の話し方にだんだん興奮してきました（笑）。しかし、この経済状況の中で、もう一度政府に何とかしてもらおうという風潮が出てきて、僕は、これはとても危険だなと思っているのです。ユヌスさんは「政府あるいは従来のビジネスの代わりに、ソーシャル・ビジネスが資本主義のスキームの中で新しいものをつくれる」とおっしゃっているように思うのですが、どうですか？

ユヌス：政府はやりたいことをやればいいんです。でも、われわれは自分たちのことについて諦《あきら》めてはいけません。私たちは、社会の無力な一員ではないのです。能力があって、想像力もあって、エネルギーもあるんです。政府がうまく解決できなかった問題を、われわれはうまく解決できるはずです。政府はその構造や定義から、いろいろな協議をしなければ前に進めず、官僚主義もあってゆっくりしか動けませんが、個人なら瞬《またた》きする間にどんどん先に進んでいけるのです。

地球のすべての個人は企業家で、人間であることの一部に企業家精神というものがあると思います。四年前に始めた物乞いのためのプログラムは、非常にポピュラーなプログラムになりました。現在約一一万五〇〇〇人がプログラムを受けていて、現在までに約一万五〇〇〇人が物乞いをやめて商人になり、残りはパートタイムの物乞い、つまり商品を売ることと物乞いを両方やっています。

最初、「そういう人たちが物乞いをやめるという意思決定を促進できるなら、融資ではなくて、あげればいいじゃないですか」と言われました。しかし、メンタリティが変わらなければ一生物乞いですから、融資として彼らに対して課題を与えているわけです。金利はつけていません。「この融資は償還期限がないから債務不履行《さいむふりこう》になることはない。金利がないから額が増えることもない。いつでもいいから返してくれ。返してくれたときに、また融資をしよう」というものです。多くは、第二、第三の融資を受けて、事業を拡大しています。

道でデモをして、政府に要求を高めていくばかりでは、政府に依存することになります。自分で自分の責任をもつようになれば尊厳が生まれ、自分のために戦うようになる。そこが基本なのです。「能力がある」ということに気づき、環境をうまく調整して、自分のやり方でやることが大事なのです。

米倉：うわー、会場全体が熱くなってしまいました。今日のキーワードのひとつは、「資本主義を狭くとらえすぎていないか」ということ。グラミン銀行というのは、「人間の可能性」なのですね。

会場からの質問：周りの人たちの多くがソーシャル・ベンチャーに関心があっても、安定した収入を捨てるという自分の殻を破る一歩が踏み出せない。この背景には、子どものころからの教育の影響があると思います。もしバングラデシュで、子どもたちにソーシャル・ベンチャーについて考えるような活動をされていたら、お伺いしたいのですが。

ユヌス：「グラミン銀行の教育ローンに助けてもらいました」と言ってきた人がい

ました。そして、「職を見つけるのを手伝ってくれませんか?」と言うので、私はこう話しました。「あなたはグラミン銀行の子どもです。違った考え方をしなさい。毎朝、鏡の前に立って、『私はほかの人から職を与えられるのを待たない。ほかの人に仕事を与えることが私のミッションなんだ』と自分に対して宣誓しなさい」

彼は驚いていました。「自分の仕事がないのに、どうやってほかの人に仕事を与えるのですか?」「あなたのお母さんは学校に行ったこともないけれど、グラミン銀行から融資を受けて事業を始め、それを拡大してきたから、大学に行った今日のあなたがあるのです。お母さんにはそれができた。あなたは何のために教育を受けたのですか? 自分に対してチャレンジしなさい」と、私は言うのです。

つまり、「お金があなたの制約要因ではない。お金をどうやって使うか、事業を始めることがあなたの使命だ」と言って聞かせるのです。

すべては考え方次第です。「いい成績をとって、いい大学にいく」というのは従来の考え方です。「安定した殻から出たくない」、たしかにそうです。職に就いていると天国で、外は地獄のように見えるでしょうが、人生はそんなものではないのです。
私は銀行家になって好きなことをしています。好きなことをやっていれば、二四時間働いていても苦にならないはずです。そういう社会が、今までできてこなかったから、「今の職を辞めれば、あとは闇」と思ってしまうのです。でも飛び出てみれば、成功もあれば失敗もあるけれども、どんどん先が続くのです。

会場からの質問：チャリティについての考え方を聞かせてください。それらとソーシャル・ビジネスとの違いを教えてください。

ユヌス：私はチャリティに反対しているわけではありません。たとえば、津波や洪水、あるいはサイクロンや地震等の災害が起こったときには、ソーシャル・ビジネスではなく、慈善活動が必要です。
ただ、人道的な救援活動が終わり、人々が平常な暮らしに戻ろうとしている時期には、それ以上のことを考えなければなりません。チャリティは、「チャリティが必要な状況から抜け出す手助けをする」ということにとどめるべきです。

豊かな先進国では、政府が提供する福祉プログラムがあります。アメリカでは、福祉を受ける立場になって、たとえば一ドル稼ぐと、福祉当局に報告しなければならず、そうすると福祉手当から一ドル差し引かれるのです。こんなクレージーなことがあっていいのでしょうか？　そんなことをしたら「政府にもっていかれてしまうから、稼いでもしょうがない」という考えになってしまい、いろいろな能力をもった人たちが福祉から抜け出せなくなってしまいます。福祉プログラムというのは、そうなりがちです。

福祉の原則は、「できるかぎり福祉から早く抜け出せるようにする」ということを目的、目標にするべきで、ソーシャル・ビジネスに切り替えていけば、その壁を打ち破れるのです。

会場からの質問：ユヌス博士の夢を教えてください。

ユヌス：人間は食べ物のことを心配しているべきものではなく、もっと大きな存在で、世の中のことをどうやって改善したらいいのかを考えるのが人間の役割なんです。ところが世界の多くの人たちにそういう機会が与えられていないから、何かうまくいっていないのです。みんなが世界に貢献することに頭を使うことができる、つまり明日の食べ物のことばかり心配しないで済むような世の中をつくりたいのです。

ミレニアム・サミットでは、「二〇一五年までに貧困を半減する」という目標が掲げられましたが、バングラデシュもその年までに半減させたいと思いますし、できると思います。それができたら、次の目標、「何年までに、貧困をどこまで下げる」と、できるだけ近い期限を設けてその目標を達成し、貧困をゼロにすべきです。

そして「貧困博物館」というものをつくれたらいいと思います。子どもたちが「貧困というのは、いったい何？」と訊ねたら、その博物館に連れて行って「貧困というのはひどいものだったんだよ」と語ってあげる。そして、貧困を博物館だけで見られるようなものにするというのが、私の夢です。

グラミン銀行のイノベーション

僕はこの講演会を契機にすっかりユヌス博士のとりことなり、三つのことを決意した。

1．日本の若者一〇〇人をグラミン銀行へ送り込む

2．一橋大学イノベーション研究センターが発刊する機関誌『一橋ビジネスレビュー』に寄稿を依頼する

3．日本の企業をできるだけグラミンに紹介する

この三つだ。その第一歩としての『一橋ビジネスレビュー』への寄稿は二〇一〇年夏号「ソーシャル・ビジネス特集号」で実現した。その中で博士はグラミンの成功を従来の銀行と対比して書いている。

従来の銀行は金持ちを対象にするが、グラミンは貧しい人々を

従来の銀行は男を対象にするが、グラミンは女性を
従来の銀行は都市で業務をするが、私たちは農村で
従来の銀行は高額取引を好むが、グラミンは少額を
従来の銀行は顧客を呼びつけるが、グラミンは顧客のもとで
従来の銀行は担保を取るが、グラミンは取らない
従来の銀行は借り手の過去を調べるが、グラミンが興味をもつのは未来だけ

と、見事に従来の常識と慣例を覆《くつがえ》しているのである。

こうした常識はずれともいえるグラミンのやり方に、既存銀行や世界の開発機関はきわめて懐疑的であった。「成功するわけがない」と。しかし、その初期からグラミン銀行の返済率は九七パーセントを誇り、いまや世界最大のマイクロ・ファイナンス機関として成長し続けている。

グラミン銀行の成功は、世界銀行や各国政府が援助する何百億円よりも、農村女性に貸

し付ける数十ドル、数百ドルの方がはるかに効果的だということを明らかにした。なぜか？

貧困の削減や途上国の支援にとってもっとも重要なことは、彼らに尊敬を払い、彼らの自主性自立心を守り、自分たちで自分たちの運命を決める自由を与えることだからである。これは先進国・途上国にかかわらず世界共通の事象である。現に、グラミン銀行はニューヨークに支店を開き、巨大銀行が不良債権や政府規制の下におかれる中でも悠々と大きな成功を収めている。もちろん、やっていることは同じ。貧しいアメリカ人女性を対象に少額融資を行い、彼らの自立と貧困からの脱出を手がけているのである。

見慣れた現象を新しく見る力

ユヌス博士はグラミンでの経験から二つのことを断言する。

ひとつは、「貧困とは貧民によってつくり上げられたものではなく、むしろ私たちが制度化してきた慣行や政策によってつくり上げたもの」ということ。

もうひとつは、「貧困層の人々は他のいかなる人々と同様に勤勉であり、また同じくらいに有能」ということだ。

すなわち、彼は問題解決にあたって既存の現象をそのまま受け入れるのではなく、まったく新しい視点から問題解決を手がけているのである。また、その経営哲学の根底にあるのは「人間には限りない力がある」という絶対なる信頼感である。すなわち、グラミン銀行のイノベーションの本質は従来の慣習にとらわれない新たな視点提供にあったのである。

スタンフォード・ビジネススクールのロバート・サットン教授は、イノベーションにとってもっとも重要なことは、「見慣れた現象を新しく見る力」だという。彼はこの力を既視感《きしかん》を表すフランス語の「デジャヴ」の反対語として「ヴジャデ」と表現した（サットン著（米倉監訳）『なぜ、この人は次々と「いいアイデア」が出せるのか』三笠書房）。

何度も述べるが、多くの人々が思い込んでしまった慣習や常識を破壊し、新たな競争の次元を創り出すことも重要なイノベーションである。

「銀行とは、高額の取引を担保能力のある男性顧客を銀行に呼びつけて取引をするものだ」などと、いったい誰が決めたのだろうか。貧しい人に能力がないと誰が決めたのだろうか。

ユヌス博士とグラミン銀行の成功はまさにヴジャデの精神の発揮、すなわち既存概念（パラダイム）を創造的に破壊し、古いものを新しく見立てたことにあったのである。

あとの二つ、日本の若者一〇〇人をグラミンに連れていく作業は二〇一〇年の一月から、後に述べる税所《さいしょ》君たちが始めたグローバル・チェンジ・メーカー・プログラム（GCMP）と日本元気塾の共催で始まり、すでに六〇人近くは送りこんでいる。

また、日本企業との連携は、二〇〇九年三月に株式会社ファーストリテイリングの柳井《やない》正社長に面会して、グラミン＝ユニクロを提案した。柳井さんはすでにユヌス博士の本を読んでいて、連携を検討しているという答えにはびっくりした。その後の提携にどれほど役立ったかはわからないが、グラミン＝ユニクロ提携に多少の支援はしたと自負している。しかも、そのときのユヌス博士とのやりとりが最高だった。僕が「日本企業との提携をもちかけるとき、グラミンの肩書きがないと難しい。ついてはグラミン特別アドバイザーにしてほしい」というメールを送ると、博士からすぐに「君はグラミン特別アドバイザーである」という即答が返ってきたのだ。世界をリードする人間はスピード感が違う。

グラミンの成功を契機にソーシャル・イノベーションが見直され、先進国・途上国を問わずさまざまな人々がこのフロンティアに飛び込んでいる。

日本でも、先に紹介したように、元三菱東京ＵＦＪ銀行のベテラン金融マン枋迫篤昌さんは少額手数料送金と融資を実践するマイクロファイナンス・インターナショナルをアメリカに立ち上げ、法外な手数料を削減しただけでなく、これまで闇に消えていた資金を合法的な融資事業へと転換させている。また、東京の小さなＮＰＯ法人フローレンス（駒崎弘樹代表）は、国政・地方自治体レベルではほとんど進展を見せなかった病児保育においてすぐれた成果を上げている。同じく小さなＮＰＯ法人「育て上げ」ネット（工藤啓代表）がニートやフリーターの就業支援において次々と実績を上げ、ＮＰＯ法人を助ける中間法人チャリティ・プラットフォーム（佐藤大吾代表）も次々と新しいソーシャル・イノベーションを実践している。

こうしたソーシャル・イノベーションが旧秩序を静かに破壊し、新しい資本主義をつくっていくのだろうが、このグラミン銀行とユヌス博士の存在を僕に教えてくれたのは、まだ二〇歳にもならない大学生だったのである。

グラミンに駆けつけた若者から学ぶ

それは二〇〇八年の終わり頃、当時まだ早稲田大学一年生であった税所篤快《あつよし》君がグラミン銀行にボランティアに行くという話で始まった。彼がグラミン銀行にボランティアに行く途中に送ってくれた嬉しいメールがあるので紹介しておきたい。不適切な言葉もあるかもしれないが、現代青年の明るいユーモアと気概を感じてほしい。


米倉師匠‥

二〇〇九年成人式の一月一二日。僕は振袖美女をナンパし、一夜の逢瀬《おうせ》を楽しむはずでした。まさかコルカタの「マザー・テレサ死を待つ人の家」で死にかけのおじいちゃんのけつのえぐれた傷跡から湧き出るうじ虫を三〇匹ほどピンセットで取り出す羽目になるとは。それでも……チリ人学生サラはかわいかった。

マザー・テレサの魂は死後も二〇〇人の若者をインドに集めています。本気で生きた人の志は必ず次の世代にひきつがれる。その生き様は永遠の命をもって生き続ける。

今朝グラミンに到着しました。マザー・テレサに続かんことをもらって涙が出た。僕が彼と出会ったのは、いまから七年前、僕が校長を務める「日経エデュケーションフォーラム：高校生のための社会スタディ」でのことであった。

1　元金に対してだけつける利息

2　前期までの利息を元金に加え、その元利合計に対してつける利息

第四章
高校生のための社会スタディ

いまから一〇年以上前の一九九九年に、「高校生にイノベーションを教えましょう」と一橋大学の研究室に押し掛けてきた若者がいた。当時日本経済新聞社広告局にいた宮地勘司君（現「教育と探求社」社長）である。彼はその数日前に夢を見たという。日産自動車改革中のカルロス・ゴーン社長の周りに高校生が車座になって、目を輝かせて彼の話を聴いている。はっと目覚めた彼は思った、さまざまな企業で活躍する経営者や社員を講師に招き、日本中から集めた高校生の前で社会人が考える「働くこと、生きること、そして企業イノベーション」について語ってもらう、こんな授業を企画してみたいと。

これが「日経エデュケーション・フォーラム（後にチャレンジ）：高校生のための社会スタディ」のはじまりだった。

「会社はビルじゃない」

この企画は二〇〇一年夏に開催され、いまや毎夏休みに全国の高校生約三〇〇人を東京に集め、企業人と一緒にイノベーションや働くことの意味を学ぶ学校となった。その模様は毎年日本経済新聞全国版に掲載され、高校生の夏のチャレンジのひとつとなっている。日経主催の教育モノのイベントで一〇年以上も続く企画は珍しい。地味ながら、それほどこの企画のインパクトは大きかった。

初期の頃は吉野家の安部《あべ》修仁《しゅうじ》社長やクレディセゾンの林野《りんの》宏《ひろし》社長自ら高校生の前で、企業イノベーションや働くことの意味を真剣に語っていただいた。とくに吉野家が二八〇円という画期的値下げをした年の安部社長が、「高校生のみなさん、これは値下げじゃないんです、イノベーションなんです」と熱く語ったことは忘れられない。すなわち、吉野家がそれまで四〇〇円近かった牛丼を二八〇円にできたのは、食材の牛肉・タマネギ・シヨウガの調達に始まり、各店舗におけるサービス動線や配膳《はいぜん》に至るすべての抜本的改革すなわちイノベーションを実現したためである。それを、まさに社長自らの実演によって語ってくれたのである。イノベーションとは、小さな実践の積み重ねから生まれるブレークスルーであり、ハイテク企業だけでなく、牛丼チェーンでも可能な概念なのだ。

会社や働くことにネガティブだった高校生の顔つきが見る見るうちに明るくなっていく。「そうか、働くことは創意工夫に満ちあふれたクリエイティブなことなんだ」、と。

二〇〇六年からは、経営者だけでなく、第一線の社員に「仕事について本当のこと」を語ってもらう指向となった。現場担当者たちが語る、ロッテ「コアラのマーチ」の営業大作戦、第一三共における新薬開発の苦労話、野村證券初の女性営業部隊の成立過程、パイオニア劣等社員の意識改革物語などは、大人が聞いていても勉強になる。また、壊れない時計G-Shockの開発担当者は、学生のときに父親からもらった記念の時計を壊してしまい、それが開発の原点だと語る。しかも、彼は参加した高校生になんと現物を壁に叩きつけるパフォーマンスを繰り広げてくれた。世界中で半導体を扱うルネサステクノロジの女性韓国人営業ウーマンの第一声は、いきなり韓国語と英語でスタート。まさに、高校生の度肝《どぎも》を抜く話が盛りだくさんなのである。そして、半日二講座を受講した高校生には、その講義をベースにした作文テーマが与えられ、厳正な審査の結果六～八人が優秀賞に選ばれ中国旅行に派遣される。

毎年二〇〇を超える作文を審査するのは大変でもあるが、実に楽しい作業でもある。「今日のお話を聞くまで、私は会社はビルだと思っていた。でも、その中には生きた人間のドラマが詰まっているんだ」「帰りの電車の中で、いつもは汚い酔っぱらいのサラリーマンだと思っていた人たちが、みんな輝くイノベーターに見えて涙が止まらなかった」「普通の企業のサラリーマンにはなりたくないと思っていました。自分の利益を追求し、環境破壊や資源の浪費に加担しているだけのように感じていました。でも企業で働く先生たちの話を聞いて、そうでもないかも」、など生きたビジネスに接した高校生たちの声は、逆に大人たちにも元気を与える。

自己肯定感と自信

一方、作文からは、大人たちが彼らの本当の声をいかに聞いていないかも明らかになる。「僕が鉄道の話をすると先生たちは君の話は専門的すぎると押さえつけてきた。でも、今日から僕は鉄道の話を堂々としたい」「私には将来の夢も希望もない。というのも、進路について父親から反対されているからだ」「私は自衛隊が好き。変だといわれても自衛官になる」

僕たちはこうした一風《いっぷう》変わった子たちにとくに注目する。

それは自分の進路で悩んでいる高校生にとって、一番大事なのは「自己肯定感」だからだ。高校生という時期にわれわれは知らないうちに自分に枠をはめ、限界設定を開始する。エデュケーションチャレンジの授業では、その枠を取り払い、「君たちは世界を変えることができる」と何度も何度も自己肯定のメッセージを繰り返す。そればかりか、自己を否定されてきた子たちを、「大丈夫、君たちの方が正しい」と大きく評価する。そうすることで彼らも伸びるし、彼ら以外の高校生にも大きな勇気を与えるからだ。

例えば、自衛官希望の中川結貴《ゆき》君を優秀賞に選んで、中国に連れて行った。ミッション系の女子校にいた彼女は作文通り、防衛大学校を受験した。残念ながら現役では受からなかったが、普通の女子大に通いながらもう一度隠れ受験し、見事合格。いまは海上自衛官を目指して勉強と訓練に明け暮れている。それどころか、二〇一一年一月八日に行われた第二七回土光《どこう》杯全日本青年弁論大会で、自衛官としての使命と現状を憂《うれ》いた「未来の防人《さきもり》、主権なき国家を憂う」で、見事大賞である「土光敏夫杯」を獲得しているのである。彼女は国のためならば最前線に立つ自衛官の心意気を述べる。しかし、日本における文民統制は軍事プロフェッショナルとしての自衛隊・自衛官を有効に活用しえないシステムになっていると批判する。昨今の日本外交の漂流を見事に指摘したすぐれたスピーチだった。彼女もエデュケーションチャレンジの生んだ誇りのひとりである。

自分たちの若いときを考えればそう偉そうなことは言えないくせに、大人になってしまった僕たちは若者の本音を聞こうとしない。つい自分たちの価値観を押し付け、彼らの無限の可能性を否定している。大人が本気で生きて語らないかぎり、彼らの社会を見る目はクールだ。

ある高校生が書いてくれたこの文章こそ、日経エデュケーションの根幹であり誇りでもある。

サラリーマン、なんてつまらない言葉だ。私には正直良い印象が一つたりとも思い浮かばなかった。会社の奴隷、リストラ、足の引っ張り合い、そんな誰から聞いたかも覚えていないようなイメージが私の頭の中で強烈なサラリーマン像として確立していたのだ。はたして将来こんなものになっていいのか、と悩んだ。軽い気持ちで参加した今回の授業だったが、実を言うと大して期待もしていなかった。せいぜい聞き飽きたような言葉を聞かされる程度だろう。と思っていたのだが、待っていた先生方は私のそんなイメージを見事ぶち破ってくれた。とにかく先生方は私には眩《まぶ》しすぎるほどアツかったの

だ。（二〇一〇年度　早稲田大学高等学院　丸谷直史君の作文から）

世界で共生する若者を創るために

こうした熱い作文を毎年審査して、受賞者を中国に連れて行く。なぜ中国なのか。それは二十一世紀を通じて、大切な友人でありまた強力なライバルとなる同世代中国人と交流してもらうためだ。

これからの未来を語るにあたって、中国の存在を抜きに語ることはできない。もちろん、アメリカやインドも大切である。しかし、まず隣国中国の強烈なパワーを体感し、彼らとしっかりと共存しなければ日本の未来はない。残念ながら、日本では中国の現状をしっかりと把握しないまま印象論だけで、過小評価したり過大評価しすぎている。

高校生諸君には現地の中学高等学校を訪問させ、普通の家庭にショートステイしてもらい、彼らの目や耳で中国を体験してもらってきた。普通の家庭（といっても日本の高校生を受け入れるだけの余裕のある裕福な家庭だが）を訪問して、一緒に餃子《ギョーザ》を作ったり、教科書の比較をするなど、普通の旅行ではできない経験をしてもらう。驚くことにこうした家庭では、「ひとりっ子」の子どもに専用のコンピュータやファックスなどが完備されたりしているのである。

また、訪問する北京や上海のエリート校の授業もすごい。英語の授業はすべて英語（当たり前といえば当たり前だが）、しかも英語によるディベート・テーマも「動物実験はすべきか」「公園は有料化すべきか」など考えさせるものが多い。連れて行く日本の高校生の反応もまた期待以上にまっすぐだった。授業参観をした後に日本の高校生は漏《も》らす。

「先生、日本ってヤバクないですか？」

「中国にはもうＯＤＡやめましょう」

「全員の机にパソコンがありましたよ」

「化学実験テーブルは一人にひとつでした」

百聞は一見にしかず、「これが君たちのライバルなんだ。がんばれ！」と僕は心の中で叫ぶ。二〇〇一年に連れて行った川島幸太郎君は現在銀行マンになっているが、彼の書いた作文は当時の日経にも掲載されたほど、そのインパクトを物語っている。「日本人よ寝ている場合じゃない」というタイトルがまさにこのプログラムの意図を物語っている。

さて、先に紹介したグラミン銀行に行った税所君はその第五期生で、中国派遣にも当選した。少し長い引用になるが、当時高校二年生だった彼の作文を読んでほしい。

「もう戦争は終わったのよ」

祖母は心なしかかなしい顔をして、僕が手にもち遊ぼうとしていた戦車のプラモデルを棚に戻しました。僕が小学二年のころ、誕生日プレゼントを選んでいたときでした。それ以来祖母は毎日のように自分の戦争体験談を僕に語り始めました。

祖母は中国人として中国に生まれ、日本人である祖父と結婚しました。しかし、その後日中戦争が始まりました。祖母は夫が日本人ということで様々な差別を受けたそうです。当時働いていたタバコ工場で受けた信じられないような重労働、ろくに休みも与えられず、同じ中国人ですら口をきいてはくれない祖母は体をこわすまで働きつづけました。

祖母が住んでいた上海に日本軍がやってきました。命からがら逃げ、ふり返ると町がもやされていました。中国人からは「裏切り者の中国人」と扱われ、日本人からは「敵である中国人」とみなされる。だれも味方のいない、まさに四面楚歌《しめんそか》であったことを、涙ながらに話してくれました。戦争は平気で人間に残酷なことをさせる。戦争で小さな夢もささやかな幸せも奪われた「被害者」である祖母。戦争から六十年たった現在も大きな傷跡を残している。そして、今なお戦争が世界中でおき、傷跡を残し続けている。どうにかなくすことはできないだろうか。

税所君はこの作文の終わりに、戦争のない国を創るために「総理大臣になりたい」という希望を述べていた。この結論はいかにも唐突だったが、僕たち審査員は、「彼を中国に連れて行かなくてはいけない」と思った。こうして税所君をはじめとする高校生八名を北京に連れて行ったのは二〇〇六年の三月だった。

この旅行がきっかけで見聞を広げた税所君は勉強の方でもどんどん伸び、ビリから数えた方が早かったにもかかわらず、見事、早稲田大学に現役合格した。大学生になった彼は、「いきなり総理大臣になる」という夢の前に、まず自分の出身地の足立区に目を向けた。足立区は都内でも所得水準が低く、それに比例するように教育水準も低いことに気づいたからである。彼は足立区の教育改革を進めるため、次なる目標を二〇一四年に二五歳で足立区最年少区長になることと宣言した。その相談を受けた僕は、「足立区長など小さい、小さい。もっと大きな目標を考えろ」と発破《はっぱ》をかけた。すると、どこで聞いたのか彼は、世界最高のソーシャル・イノベーション機関グラミン銀行を探し出してきて、その総裁ユヌス博士の下でボランティアをすると言い出したのである。僕はそのとき不明にもグラミン銀行の内実を知らなかった。税所君に教えてもらったユヌス博士の著作『ムハマド・ユヌス自伝』を読んで、僕は本当に感動した。そして、この人の下に駆けつける税所君たち若者を実にうらやましく思ったのである。

二〇〇九年一月にインドで開かれた国際意思決定科学学会総会の基調講演に招待されたとき、僕はムンバイ（かつてのボンベイ）で税所君と待ち合わせた。ちょうど彼がグラミン銀行のあるダッカに向かう途中だったからである。若い税所君とインド工科大学デリー校準《じゅん》教授のモマヤ・キランクマールさんと三人でインド工科大学ムンバイ校の宿舎に泊まり、タタ・モーターズ本社、バイオワン本社、ウィプロ本社などを一緒に訪ねたことも忘れられない経験だった。

中国の経済成長もすごいがインドのそれも勝るとも劣らず、すさまじい。われわれが訪ねたインド第二位のソフトウェア企業ウィプロの広大な本社には、毎夕一二〇台の社員送迎用大型バスが横づけになっていた。そこでは目を輝かせた何万人という従業員が明日のマイクロソフトやグーグルを目指して頑張っている。この姿を見れば日本の閉塞感を嘆いている閑《ひま》などない。若者たちはなぜインドにもっと留学しないのだろうか。ちなみに、前章で書いた税所君からのメールは、彼をムンバイからダッカへ送り出した途中のコルカタ（昔のカルカッタ）からのものだったのである。

「今の若者はだめだ」という大人は多い。しかし、若者は社会の鏡だ。大人がふやけていれば、彼らもふやける。大人が縮こまれば、若者も縮こまる。しかし、大人がチャレンジを与えれば、与えるだけ彼らは伸びる。大人が日本ばかり見ていたのでは、内向的な若者が育つばかりだ。世界を体験し、日本の強みもよく知っているハイブリッドな日本人が新しい資本主義を創っていくにちがいない。「高校生のための社会スタディ」は、そうした若者を発掘するためのひとつの試みなのである。

もちろん、高校生にとってもっとも重要なことはやはり学問の基礎を創ることだと思う。したがって、高校時代には英数国そして歴史や科学をしっかり勉強してほしい。しかし、その一方で何のために勉強するのかがわからずに暗闇の中をただひた走るのは辛い。

ときどき、生きた未来を見せる義務が大人にはあると思う。あらゆる分野でイノベーションに励む大人たちの姿に高校生は感動するのだ。

今の高校生たちはみな平成五〜八年に生まれた子どもたちである。多分、もの心ついてから一度として明るいニュースなど聴いたこともない。そんな子どもたちに対して、「いい大学へ行け」だけでは何の説得力ももたない。ただたんに日本の危機を訴えても、「そんな日本に誰がした」とシラケるだけなのである。大人が本気のところを見せないと、子どもたちは変わらない。大人が世界で戦っているところを見せないと、若者たちは日本にしがみつこうとするだけなのだ。

税所君の後日談

僕とムンバイで別れた後、税所君はグラミン銀行でボランティアをする傍《かたわ》ら、バングラデシュの教育事情の問題点に気がついた。先生が圧倒的に足りないことである。とくに、農村部では子どもたちが満足な授業を受けることができない。さらに気づいたのは、バングラデシュが日本以上に学歴社会でありダッカ大学を頂点にする厳しい受験地獄社会であるということだった。三五倍くらいの倍率を誇る名門ダッカ大学に入るには、ダッカ市に集積する予備校に通わないと入学は難しい。入学者のうち九五パーセントは予備校経験者である。しかも、ダッカの予備校に半年通うには農民の年収以上の金額が必要である。ということは、貧しい農村部の若者がバングラデシュで学歴をつけて貧困から脱出することはきわめて難しいということだった。

彼はそこで、なぜ偏差値二八だった自分が早稲田大学に現役合格できたのかを振り返った。それは、自分の可能性に目覚めた彼が選択した予備校、すなわち東進ハイスクールのおかげだったのである。東進ハイスクールではほとんどの授業をビデオで行うという。したがって、自分のよく理解できないことや聞き逃したところを何度でも何度でも見直すことができる。彼はこの経験を思い出し、「先生の数が足りないバングラデシュでこそ使えるモデル」だと確信した。そこで、グラミン銀行のユヌス博士に相談すると、「素晴らしいじゃないか、相談なんかしている場合じゃない、Do it, Do it, Go ahead（前へ、前へ、前へ）」と叱咤激励《しったげきれい》されて、なんとバングラデシュ初のビデオ授業を開始したのである。さまざまな困難に直面しながらも、ダッカ有数の予備校教師をくどき落とし、ビデオを三本完成させると、まず実験として三〇名近い農村の高校生にビデオ授業を開始した。

この経緯は二〇一一年四月に出版された税所篤快著『前へ！前へ！前へ！』（木楽舎）に詳しいが、結果として、ダッカ大学をはじめとして五校の国立大学合格者を輩出した。倍率三五倍という最難関ダッカ大学に農村出身のヘラル君が合格したこともすごいが、女性に対してきわめて保守的なイスラム社会にあって、国立No3のジョゴンナ大学に女生徒ジャレンが合格したことは、この教育革命にさらなる価値をもたらした。バングラデシュ中の大新聞がこぞってトップ記事にとりあげたほどである。

税所君はこの企画でワタミが主催した第一回「みんなの夢アワード」の大賞とワタミ特

別賞を射止め、まさに日本発の社会企業家として世界に羽ばたこうとしているのである。

もうひとつ、グラミンにまつわる逸話《いつわ》がある。それは二〇一〇年一月に税所君たちのGCMP学生と日本元気塾塾生をグラミンに連れて行ったときの佐竹右行《ゆうこう》君の決断である。佐竹君は僕の二〇年近く前からの知り合いである。当時彼は野村證券バリバリの若手支店長で、僕は研修講師だった。お互いに生意気盛りで、ビジネス観をめぐってよく議論した。彼は大企業派で、僕はベンチャー派だった。しかし、彼はあっさり野村を辞めて、パラカというコインパーキング・ベンチャーに転職して、ベンチャー派になった。同社を上場させると次は東京リートという会社に転職して、同社も上場。さらに今度は雪国まいたけに転職して二〇〇九年に僕が主催する日本元気塾に参加した。その上、バングラデシュ・グラミン・ツアーにも参加したのである。彼はグラミンの思想に共感すると同時に、バングラデシュでもやしを栽培して、その種を日本に輸出するソーシャル・ビジネスを思いついたのである。日本のもやし（緑豆）の種はもはや一〇〇パーセント中国産で、コストリスク管理において問題がある、とずっと思っていたからである。

帰国してからの彼の行動は迅速だった。雪国まいたけ社長を説得し、ＪＩＣＡのバックアップを取りつけると、グラミン銀行に乗り込んで、「グラミン＝雪国まいたけ」を設立し、日本初のソーシャル・ビジネスとしての一歩を踏み出してしまったのである。これにはユヌス博士も大変よろこんだという。日本をはじめとする先進国との提携ビジネスは工業製品に偏りがちで、結局ダッカ近郊へビジネスが集中してしまう。しかし、このグラミン＝雪国まいたけは農村部で、栽培という仕事をつくり出すだけでなく、収穫されたもやしは現地で販売される上、日本に輸出する種を選別するという女性のための仕事も生み出すのである。もちろん、このビジネスには気候や土壌という乗り越えなければならない困難が多々あるが、バングラデシュ－日本両国にとって偉大なチャレンジといっていい。佐竹君の健闘を祈っている。

第五章
世界から日本が消える？

すでに繰り返してきたことだが、イノベーションとは技術革新だけのことではなく、社会経済的な新しい付加価値を生むという広い概念である。したがって、付加価値を生み出すための多様な行動様式や世界観が許容されていないと、なかなか新しいアイデアは出てこない。

イノベーションという社会経済活動にとって、それを生み出していく土壌のあり方はかなり重要な問題なのである。

その観点でいうと、今の日本で一番心配なのが、世界を知ろう、世界を見ようというメンタリティーがきわめて薄らぎ、日本に閉じこもろうという風潮が陰に日向《ひなた》に見受けられることである。

その最たる悪例が、東京電力であろう。

いうまでもなく、東日本大震災に端を発する福島第一原発の事故が発覚した直後にとった東京電力の対応は、おそまつきわまりなかった。原子力発電の先進国であるフランスをはじめとする海外からの協力を断り、自力で解決しようとした結果が、惨事を大きくした。あのような判断が難事に行われたことは、外との交流を普段からとりたがらない、東電、いや日本社会全体がもつ悪しき「土壌」が影響していたことは間違いない。

たしかに、日本にいると心地よいし、苦労も少ない。日本語は通じるし（当たり前だが）、安全・清潔だし、食べ物も美味しい。どうして、わざわざ問題だらけの世界に出なければならないのか？ 学生に尋ねられても、そう簡単に答えられる質問ではない。ただ、こうした考えが危険であることの状況証拠をいくつかあげていくことはできそうだ。

三〇年前に逆戻りしてしまった日本

日本にばかり目が向いて、世界の中における日本を見ておかないと、その位置感覚を失ってしまう。二〇〇九年度のGDP総額では何とか中国に抜かれずに世界第二位を保つことができたが、二〇一〇年度にはついに中国に抜かれ、第三位となった。

中国には日本の一〇倍の人口がいるのだから、一人当たりのGDPが日本の一〇分の一を少しでも上回れば、総額で日本を抜くのは当然だ。世界平和と安定のためには、早く中国国民全体が豊かになって、成熟した政治体制を維持していくのがいい。GDP総額の順位で中国に変なライバル意識をもつのはおかしな話だ。したがって、中国のGDPが日本を抜いてもそう嘆くことはない。

むしろ問題なのは、日本の一人当たりのGDPの低下なのである。図2で一人当たりのGDP（国内総生産）ランキング（OECDメンバー三〇カ国）を見てみよう。日本は一九

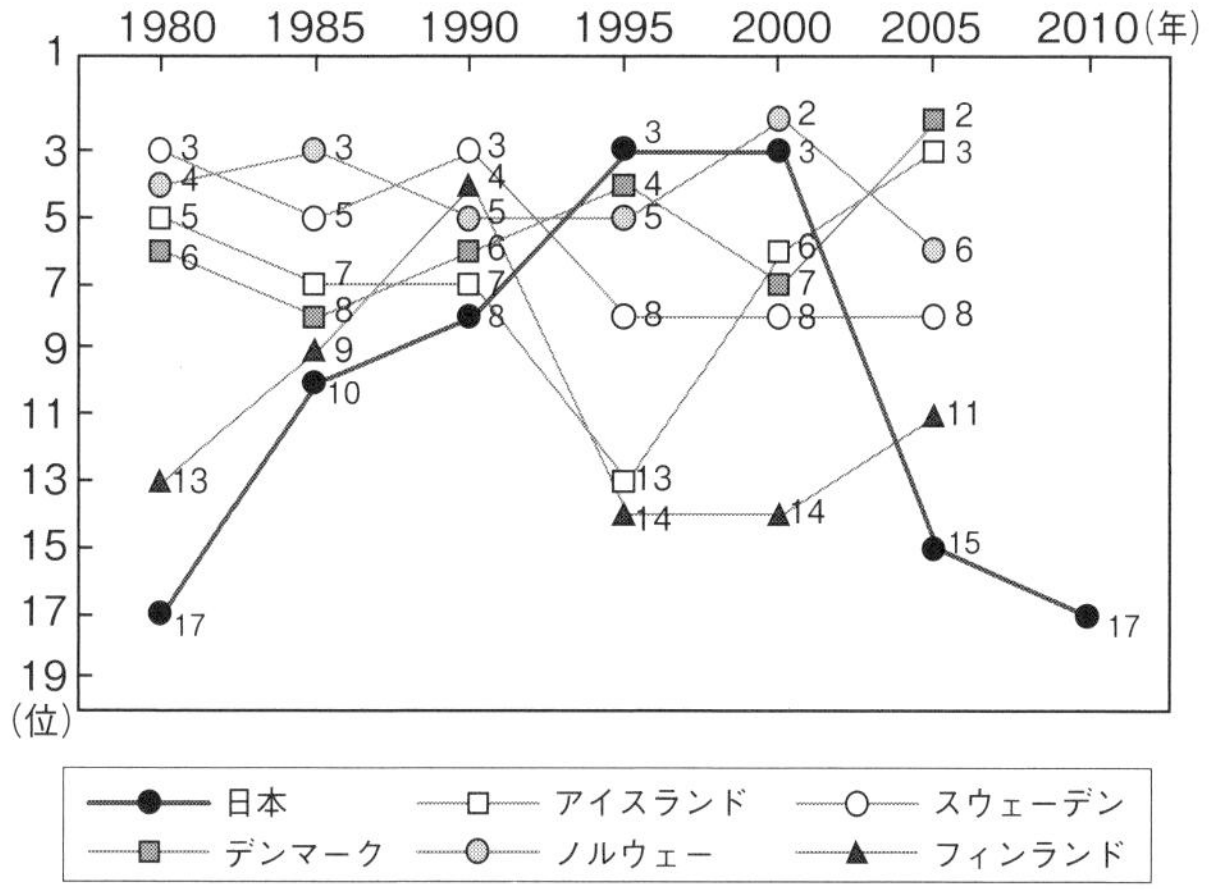

出典:国際連合ホームページ統計部「Per capita GDP at current prices - US dollars」

図2　一人当たりのＧＤＰランキング（OECDメンバー30カ国）の推移

八〇年に一七位であったが、九〇年に八位、二〇〇〇年に三位を記録した。しかし、それを最後に二〇〇五年に一五位に急落し、二〇一〇年では一七位と三〇年前に逆戻りしている。先進諸国にとっては一人ひとりがどれくらいの経済価値を生み出しているかが重要なのに、失われた一五年以降、日本は一人当たりの生産性を上げることに失敗しているのである。

結局三〇年前に戻ってしまった日本の現状をしっかり認識しなければ、解決策も見つからない。かといって、日本人がこの三〇年とくに怠けていたようにも思えないし、最近ではかなりの労働強化が行われているという話も聞く。

にもかかわらず一人当たりの生産力が向上していないというならば、われわれの働き方や効率性、さらには社会経済構造のあり方などに根本的な問題がないのかを考え直すときに来ているのである。

ワークハードからワークスマートへ

また一人当たりのＧＤＰの推移を見てみると、ランキング上位には北欧諸国が名を連ねているのがわかる。北欧四国は、人口が多くてもスウェーデンの七〇〇万人で、デンマークが五五〇万人、フィンランドが五三〇万人、ノルウェーが四八〇万人と小さな国々である。しかも、日本の消費税である付加価値税はどこも二五パーセントを超えている。にもかかわらず、こうした国々は一人当たりで高いＧＤＰを達成し、すぐれた社会保障を実現してある種豊かに暮らしているのである。

日本の消費税五パーセントという数字は、生活者にとっては一見嬉しい数字だが、ＧＤＰ総額の二倍にも達する国の借金や、破綻《はたん》しつつある社会保障の現状さらにはこの震災にかかる復興予算などを見るにつけ、先行きに不安を覚える日本人は少なくない。選挙目当ての調子のいい議論に目を奪われることなく、この国が抱える問題を見据《みす》えた議論をする必要がある。

もちろん、増税をする前に国に無駄使いがないのかはしっかりチェックしなければならない。その意味で「仕分け事業」は素人による乱暴な側面もあるが、本質的には重要な取り組みだと思う。ただ、こうした作業のときに、世界のベストプラクティスをベンチマークする視点を忘れてはならない。先ほど述べた消費税のあり方を含めた世界の税体系、労働時間と労働生産性の関係、地方分権と選挙システムなど調査すべきことはたくさんある。

日本は特異だと違うところばかりを強調するのではなく、せっかく世界の国々が蓄積してきた知識を活用しない手はないのだ。

日本人はたしかにワークハードだったが、決してワークスマートだったとはいえない。たとえば、図3に見るようにオランダ、ドイツ、スウェーデン、イギリスの実労働時間は先進国にあってきわめて短い。意外なことに、日本の実労働時間は一七八五時間で、アメリカ一七九四時間よりは短くなっているのだが、オランダの一三九二時間、ドイツの一四三三時間、フランスの一五三三時間に対しては三〇〇～四〇〇時間も多い。しかし、二〇〇五年における一人当たりGDPは、オランダ九位、ドイツ一八位、スウェーデン八位、イギリス一〇位に対して、日本は一五位。日本よりも三五〇時間も少なく働いているドイツが一八位なのは理解できるが、日本とほぼ同じ時間しか働いていないアメリカはなんと七位なのだ。どうも、欧米諸国の方が賢く働き、高い生産性を上げているのは間違いない。

また、北欧諸国と決定的に違うのは女性の社会進出である。日本のように一家の中で男

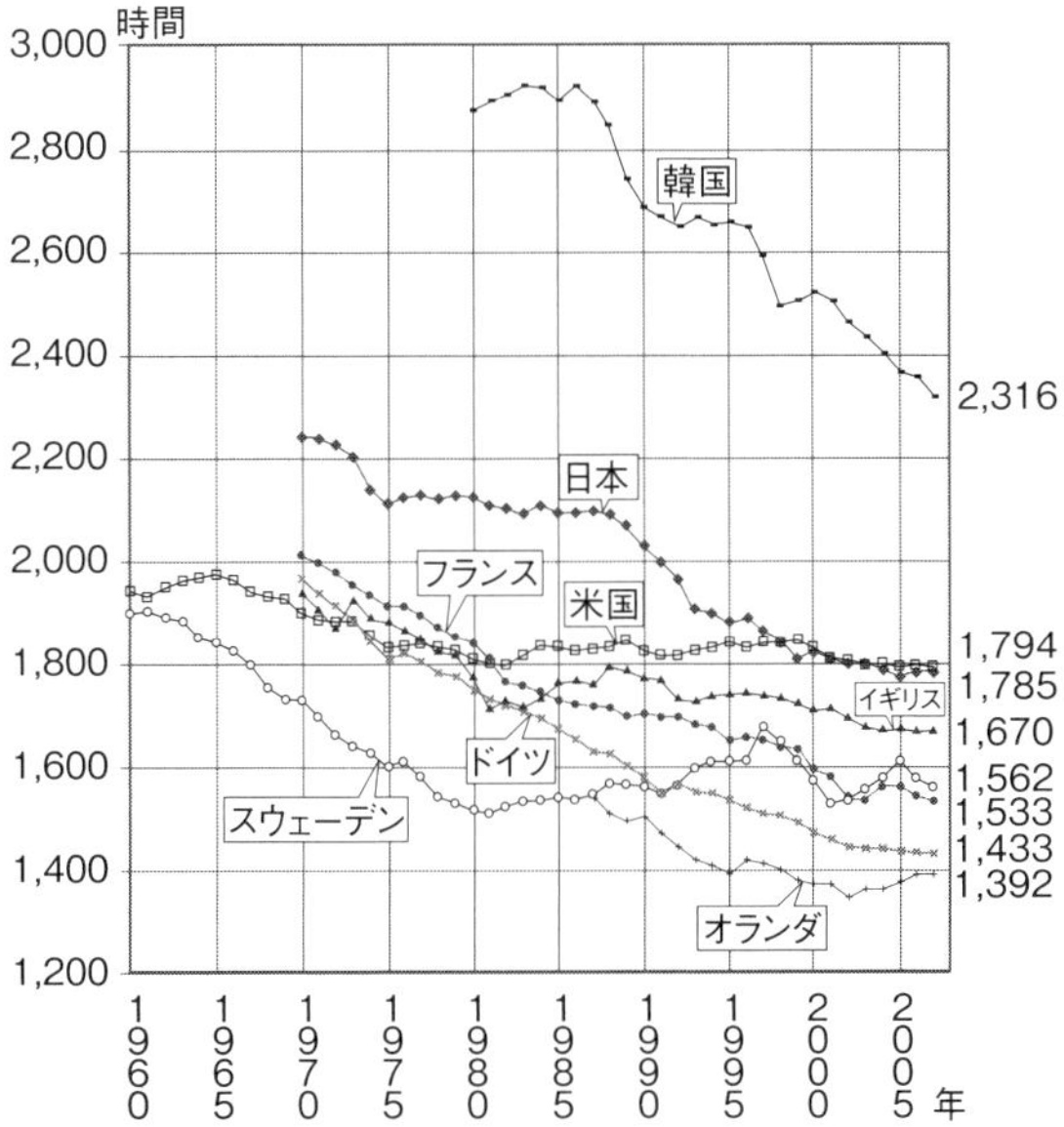

(注)データは、各国の時系列把握のために作成されており、厳密には資料の違いから特定時点の国際比較には適さない。フルタイマー、パートタイマー、自営業を含む。
出典：OECD Factbook 2008, 2009

図３　年間労働時間の国際比較

一人が朝早くから夜遅くまで会社本位の生活をし、生活費を稼いでいるという就業形態は世界でも稀《まれ》である。隣国中国でも男女共同による社会参画が当たり前である。この男性中心主義も日本人のワークスマートを阻害し、社会的問題を大きくしているのではないだろうか。

女性が働くことが当たり前ということは、ただたんに女性が働いているというだけではなく、社会経済の創り方あるいは制度設計全体に関わることである。女性が働けば家庭の所得増え、働き方、消費、雇用のあり方も大きく変わってくる。男女が企業社会に共同参画すれば、同時に育児や教育にも共同参画することになる。そうなると、会社に不必要に長くいることは男女双方にとって意味がなくなり、いかに短時間に効率的な働き方をするかが課題となるのである。

共働きは保育所やベビーシッターというニーズを生み出し、そこにさらに大きな雇用が生まれる。また、女性も自分自身の収入があるため、その分消費も増えることとなる。さらに、お互い早く家に帰ってやるべき当番があれば、不必要な残業や接待なども減少するだろう。

北欧の考え方

二〇一〇年の二月に外務省の要請でアイスランド、ノルウェー、スウェーデンに講演旅行に行く機会に恵まれた。明治から戦後にかけての日本の経済発展の歴史や現在の問題点などを率直に話し合い、お互いに学び合うためである。スウェーデンでは王立アカデミーで講演する機会を、二月一九日金曜日の昼食会で与えられた。しかし、直前になって朝食会に変更されてしまった。理由は、「金曜日の午後には聴衆がいない」ということだった。よく聞いてみると、スウェーデンの人たちの多くは金曜午後には職場を離れ郊外のセカンドハウスやウィークエンド・バケーションに出てしまうという。実質週休二日半になっているのだ。二五パーセントの消費税と五〇パーセント近い所得税を払い、しかも日本よりも年間二〇〇時間も少なく働いているのに、一人当たりGDPでは世界八位。

どうしてこんなことが可能なのだろうか？

その理由を垣間見《かいま》たのは、その前日スウェーデン王立アカデミー会員でありジャパン・ソサエティーの友人がストックホルム市内の自宅に夕食に呼んでくれたときだった。彼のアパートは旧市内の古い町並みの中にあり、決して大きくはないが戦前の瀟洒《しょうしゃ》な建物だった。彼の奥さんは医者のためその日は診療で帰宅できず、夕食を作ったのは彼自身、配膳を手伝ったのは彼の一番下の息子。質素だが愉快な食事だった。出されたワインもオーストラリア産の決して高級ではないが、美味しいものであった。なにしろ、お酒もタバコもべらぼうに税金が高いのだ。聞いてみると、彼らの楽しい週末の過ごし方とは郊外のセカンドハウスに行き、自然菜園、クロスカントリー、そして釣りを楽しむことだった。

家電製品や衣料品など物質的なものは日本の方が豊かかもしれない、しかし生活の質（クオリティー・オブ・ライフ）の高さではかなわないと感じた。経済の創り方が違うのだ。一家の生計は共働きで成立していて、家事もお互いにカバーし合っている。週四日は集中して働き、週末は別荘で過ごす。稼ぎもするが使ってもいるのだ。日本でも一九八〇年代後半に国民セカンドハウス構想が浮上したが、「ファーストハウスもないのになにがセカンドハウスだ」ということで萎《しぼ》んでしまった。しかし、セカンドハウスは生活の質向上にとっても経済にとっても、きわめて重要な意味をもっていることがだんだんわかってきた。

まず、都市部では職住接近の小さなアパートに住むことが前提である。そうすれば、長時間の通勤時間もないし、仕事の後に映画や美術館に行ったりして都会の生活を満喫できる。そして、週末は家族とともにセカンドハウスに行って、自然の中にとけ込んでゆったりと暮らす。このセカンドハウスの経済効果が大きいことが重要だ。別荘生活をするには、家財道具、家電、食器などもすべて二セット必要となり、それだけで内需振興になる。また、郊外の小売店、レストランや食材店も週末にそれなりの収益が上がる。都市と地方の経済循環が起こるのである。日本のように次から次に流行の自動車、家電、携帯電話、衣料品、アクセサリーといったフロー消費で経済を創るよりも、このストック型の消費の方が同じ内需でも生活の質を高くすることができる。東北復興、スマートシティの建設にあってぜひ取り入れたい、職住接近のコンパクトシティとセカンドハウスという発想である(スマートシティについては、最終章で詳述する)。

また、嫌になるほどの高税率も、医療、教育、老後の年金が充実して確かなものであれば、それほどの苦でもないという。彼らの多くが、「税金は国に預けたお金だから」というのをよく耳にする。いずれ返ってくると信じているのだ。これは、日本人の多くが「国に搾《しぼ》り取られている」と感じているのとは大違い。日本では、誰も預けているとは思ってはいないだろう。僕の友人の父親は九三歳で三〇年のリバースモーゲージ（現在の資産を預託して、先に現金を受け取る仕組み）で高級老人ホームに入居したが、それでも老後の不安を抱えているという。かつて、一〇〇歳を超えた双子姉妹の「きんさんぎんさん」が「なぜそんなに働くの？」と聞かれて、「老後に備えるため」と答えたのが、あながち冗談で済まされないのが日本なのである。

いくら税率が安くても将来の不安があると、老後に備えて貯蓄するため消費は抑制されてしまう。これではデフレ経済など収束しようがない。日本が成熟した資本主義を目指すのならば、国民の社会福祉政策を一番に立て直す必要がある。その理由がここにある。

世界はフラット

国際競争力向上のために二〇一〇年に法人税の一律五パーセント下げが決まったが、この財政難の中で本当に一律下げが必要なのであろうか。

たとえば、国内だけで活動しているパチンコ業界に五パーセント下げが必要なのか。国際競争力を盾にするならば、国内にある工場をまさに海外移転しようとしている企業や、競争力強化の研究開発に集中投資している企業などに特別減税や研究開発への加速度償却を認める方が重要である。

低賃金や法人税軽減に惹かれて、国内工場の海外移転を考えている企業に優遇措置《そち》を与えることは、国策上大きな意味がある。

まず、地元での雇用が継続されることで失業が防げるだけでなく、税収も確保できる。さらに、工場関連の事業や周辺飲食店などへの連鎖倒産や閉鎖を防ぐことができる。また、研究開発投資の加速度償却は、国際競争力や新規事業開発といったイノベーション重視企業への大きなインセンティブになる。

何もしない企業を含めて一律下げというのは、この国の財政状況を考えたとき決して賢い政策とはいえまい。

日本国民は馬鹿ではないから、一〇〇〇兆円にも上る借金を抱えた日本がこうした戦略性のない減税をすれば、いずれ国民負担が増えることを察している。そして財布のひもをいっそう引き締めるだけなのである。国内総生産の六割を占める消費が動かなければ、日本がデフレスパイラルから抜け出すことは難しい。

日本政府よ、もう少し戦略性をもってほしい。

もちろん、北欧にもこうした高額税率を嫌って競争的資本主義を擁護する人がいないわけではない。しかし、そうした人の多くはすでにアメリカやイギリスに出国して、彼の地で自由競争を満喫しているともいう。

なるほど、世界はフラットなのだ。

きわめて競争的な資本主義と社会民主的な資本主義、そのどちらがいいとは一概にいえないが、その旗色《きしょく》を鮮明にすることは重要だ。なぜなら、このフラットな世界では市民も国籍を選ぶことが可能となっているからだ。いずれの方向を採るにせよ、早く国の形をはっきりさせないと、世界で闘える優秀な人から日本を離れていってしまうことになりかねない。

全世界で日本の携帯電話のシェアはたったの二・九%

もうひとつ、世界に出てみないと実感できないのが日本企業の「ガラパゴス化」だ。

まず、その典型といわれる携帯電話について現状を再確認しておこう。一九九七年に登場したドコモの「i-mode」は世界でもすぐれた携帯電話事業モデルであった。また、その

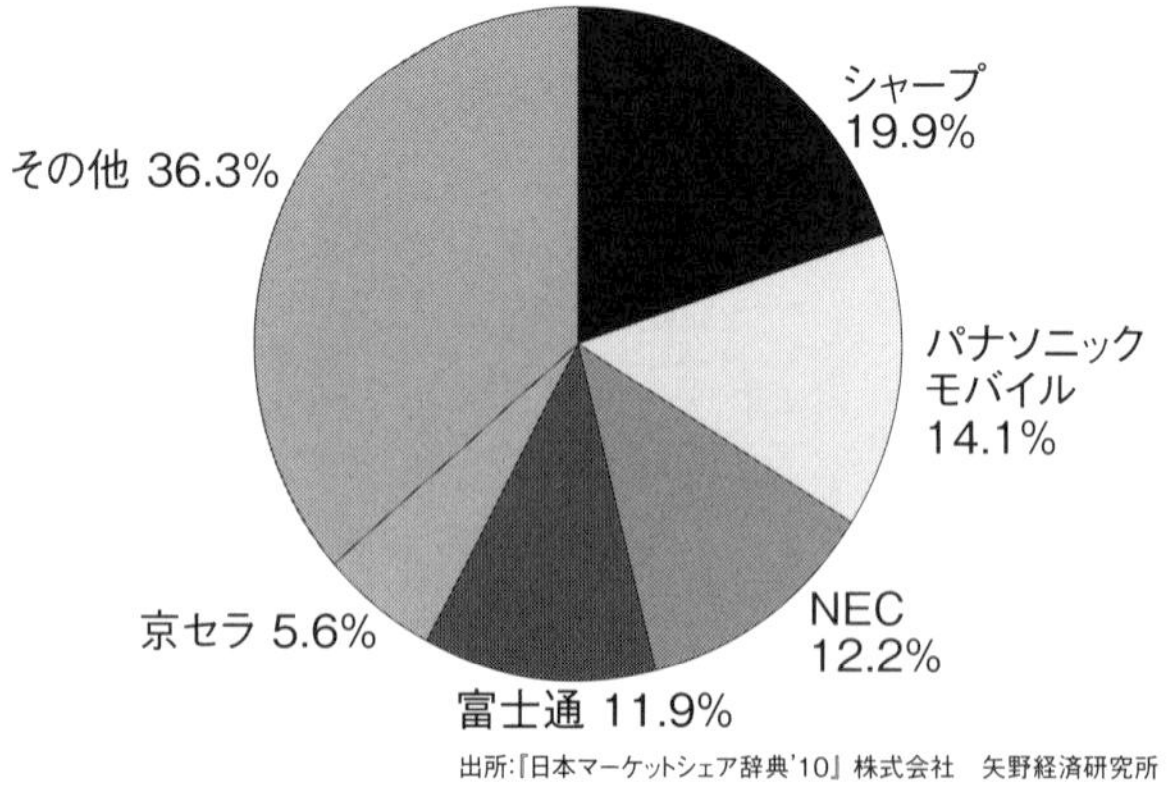

出所:『日本マーケットシェア辞典'10』株式会社　矢野経済研究所

図4　携帯電話端末　国内出荷量のシェア　2009年

後続々と発売されたカメラ付き携帯やワンセグ機能、着メロ・着うたも携帯ゲームもすぐれたハードでありソフトでもあった。日本の携帯こそ世界でもっともすぐれた製品だと信じていてもおかしくはない。現に、二〇〇九年の国内出荷量のシェアを見てみると、シャープ一九・九%、パナソニック一四・一%、NEC一二・二%、富士通一一・九%、京セラ五・六%と並び、LGの二・九%、サムスン電子の二・八%など恐れるにも足らないシェアである。普通の日本人にとって、韓国製品の勢いなど感じることはない。

しかし、二〇〇九年の世界シェアに目を向けて

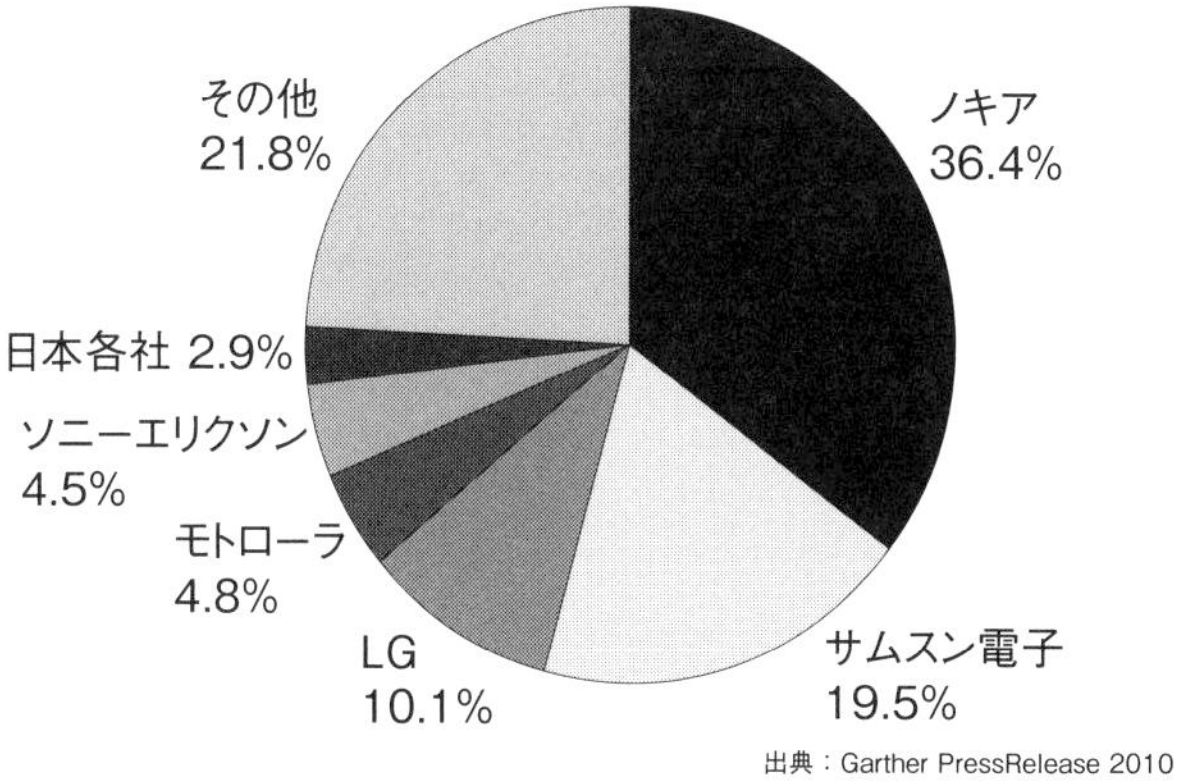

図5　携帯電話端末　世界シェア　2009

みると、ノキア三六・四%を筆頭にサムスン電子一九・五%、LG一〇・一%、モトローラ四・八%と続く。それに対して、日本メーカーは全社すべて合わせても三%足らずである。具体的な数字でいうと、全世界で約一二億台販売された携帯電話のうち、日本メーカーは全部で約三五〇〇万台弱しか製造していない。それに対してサムスンは一社で二億台は販売しているのである。日本人が韓国製の携帯電話など滅多に見かけないように、世界の人々は日本製の携帯など目にしたこともないのである。

日本が国内に閉じこもって有頂天になっているうちに、世界はまったく違う方向へ進化していたというのが実情である。

液晶テレビでも同じ現象が起こっている。二〇〇九年度国内液晶テレビの首位はシャープの四一・七%、続いてパナソニック一七・五%とソニー一五・〇%と鎬《しのぎ》を削《けず》り、東芝が一三・三%で続いている。しかし、世界のシェアではサムスンが二二・六%、LG一三・二%に対してソニー一一・五%、パナソニック八・〇%が続いているが、日本最大のシャープはわずか六・〇%にすぎないのである。この数字を見て、世界の多くの人たちは「えー、シャープって液晶テレビをつくっていたのですね」と驚くのである。

かつて、日本の家電や携帯電話は国内の厳しい競争に磨かれて世界における競争力を培っているといわれた。しかし、もはやその競争パターンは見当たらない。国内の競争と世界の競争が完全に分離しているのである。まさに、ガラパゴス化とはこのことである。

トヨタの役員には外国人も女性もいない

世界に出ているようで本質的に出ていないことがどれほど危険かは、二〇一〇年二月に起こったトヨタ自動車社長豊田章男氏の米国議会への召喚《しょうかん》でも明らかだった。その後、フロアマットにはトヨタ側に落ち度があり、ブレーキに関するソフトウェアプログラミングに関しては潔白が明らかにされたが、ここで問題にしたいのは、トヨタの後手後手に回った対応である。

日本ではあまり報道もされなかったが、米国CNNをはじめとする欧米メディアは連日のように事故直前に録音された被害者による必死の叫びを放送していたし、不安にかられた多くの消費者の声を伝えていた。

そんな中で、豊田社長は米国議会に召喚されてもいない段階で、「議会には出席せずに、日本で指揮を執《と》る」と発言してしまった。これには米国議会もマスコミも相当カチンと来たと思う。常識から考えれば、「まだ召喚状も来ていないので何とも言えないが、召喚されれば知っているかぎりの情報を開示し、最大限の説明をするつもりだ」くらいの声明を出すべきだった。

世界でもっともすぐれているはずの自動車会社で、なぜこんなことが起こるのだろうか。この件に関して、『文藝春秋』のインタビューを受ける機会があったが、やはりこれも「日本の閉じこもり症候群」の結果だと思うと発言した。これを執筆している時点で、トヨタの取締役および監査役に外国人は一人もいないし、一人の女性も存在しない。これでは世界の動向や生活者の感情を皮膚感覚で理解することはできまい。

二十一世紀日本にとって、もはや単純な「ものづくり」で競争していけるほど、グローバル競争は生やさしくはない。単なる「もの」に新たな付加価値をつけていかなければ、結局は途上国からの厳しい価格競争にまみれてしまう。価格や品質を超えた価値次元を達成しないと利益を上げることはできないのである。

一橋大学イノベーション研究センターの同僚、延岡《のべおか》健太郎教授が繰り返し警鐘を鳴らすように、付加価値創造（バリュー・クリエーション）するだけではなく、付加価値を利益として獲得（バリュー・キャプチャー）しなければ、どんなすぐれた商品でもすぐに模倣《もほう》され、企業の収益とはならないのである。この点については後述するとして（二〇〇〜二〇九頁参照)、こうした付加価値創造と付加価値獲得にとって重要なのは、多様な価値観を共有し、その融合から新たなイノベーションを生み出す力なのである。トヨタ自動車の事例を見ていると、日本企業における日本人男性至上主義がすでに限界に来ていることをまざまざと実感させられるのである。

世界の議論に入っていけない日本

ＩＴの進展によって、まさに「世界はフラット」になっている。フラットになったということは、それだけ多様な人々の多様な考えを多様な形で受け入れていかなければならないということである。

それにしては、日本社会はこの三〇年の間、本質的な変化を拒み続けているのではないか。生物の進化と同じように、イノベーションを創発していくには、多様性を受け入れていかなければならない。

多様性とは、さまざまな人種、言語、性別、世代が共存することで、新たな価値を生み出していけることである。多様性が削減されれば、それだけ種の生態系は硬直的になり、新しいものを排除しようとする。

いま世界では「クラウド・コンピューティング」の到来によって、IT革命の方向性がこれまでのPC利用からまったく新しいところに向かっている。そこに「iPhone」や「iPad」が登場し、世界はネット社会のさらなる可能性や、オープンイノベーションのあり方を熱く論じ興奮している。そんな中、昨今の日本の大ヒットが「ウィスキーのハイボール」では、「閉じこもり症候群」も頂点に達しつつあるのかと不安になる。実は、この傾向を数字で裏付けることもできるのだ。

図6のグラフは一九九六年からアメリカに留学したアジアの学生数である。一九九六年

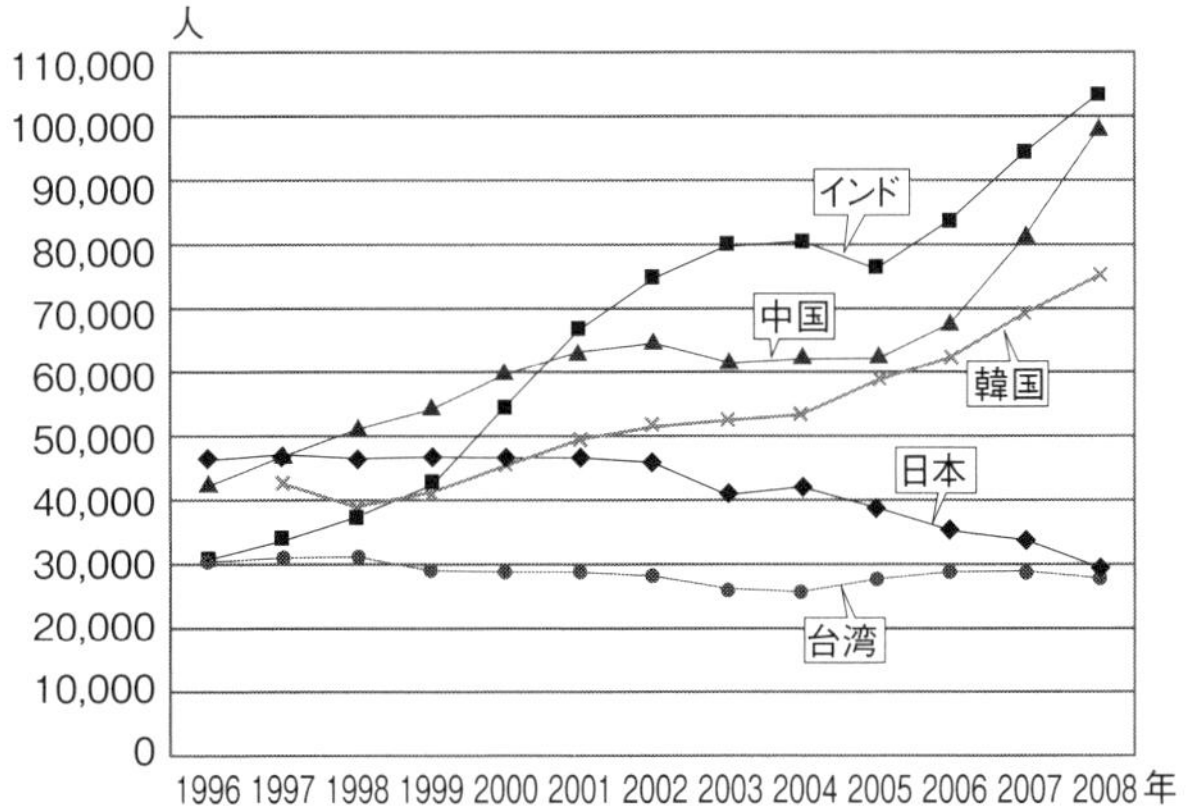

出典：Institute of International Education, "Open Doors"(HP)

図６　米国におけるアジア留学生の推移

当時五万人近くを送っていたアジア最大の米国留学生大国日本は、二〇〇八年には三万人を切って台湾と並んで最下位に転落しているのである。これに比較して中国とインドの伸びを見てほしい。両国ともに一〇万人を超える勢いである。

また、最近世界経済における存在感を増している韓国も高い伸びを示している。アメリカに渡る日本人留学生が減っているというのは、かなり問題だと思う。なぜならアメリカは世界でもっとも多様性の高い国で、そこで新しいイノベーションが続々と生まれているからである。

そのもっとも多様性の高い生態系に属すること

を拒絶するということは、世界の知的生産に参加しないということを表明しているようなものだ。

たしかに、アメリカ留学は楽しいことばかりではない。言葉ができないと子ども扱いされるし、毎日がディベートと交渉で疲れる。いまは食事もずいぶん美味しくなったが、僕が留学したときはすべてがまずく高かった（もちろん、お金がなかったので、高級料理を食べることができなかったせいもあるが）。なにしろ当時は一ドル二五〇円の時代だった。出される宿題は本の山だし、ペーパーワークや最終試験に加えてクラス・ディスカッションへの参加も成績評価の対象になる。博士論文を書くには、英語に加えてヨーロッパ言語ひとつ、アジア言語二つが前提とされる。僕の場合、日本語、中国語に続く第四外国語としてのフランス語までとらされた。とくに、歴史学科のフランス語試験は歴史論文の翻訳が多いので、僕は神父やシスターたちと一緒にハーバードの神学クラス校でフランス古文の授業をとらなければならなかったのである。

大学院生活は楽しかった。しかし、もう一度大学院生をやるかと訊かれれば、喜んで

「ノー」と答える（笑）。それくらい大変だった。しかし、そのときに体験した、限界への挑戦、学問的刺激そして世界中にひろがった友人のネットワークはプライスレスだ。その貴重な体験を求める若者が増えているならいざ知らず、減少しているのでは話にならない。

アブダビ・マスダールシティ

二〇一一年三月に外務省とアラブ首長国連邦政府が主催する「イスラム世界との文明対話」の基調講演に招待された。この取り組みは、湾岸諸国との相互理解を進めるために二〇〇二年から始まり、両国における文化理解を進めてきたものである。日本側には石油輸入をめぐって安定的関係を築きたいという欲求があるし、首長国側には日本の資金と技術が必要という認識があった。

そして、僕が行くときはいつも何かが起こる。

今回は、チュニジアに始まりエジプトに飛び火したジャスミン革命のまっ最中であった。リビアのカダフィ政権が市民革命に対して強硬姿勢を強める最中での渡航に心配する声もあった。そこで、同じ首長国のひとつであるドバイの友人にメールをすると、「アラブ首長国は王族が富を独占せず、国民全体に富を分配しているから、貧富の差の激しいチュニジア、エジプト、バーレーンとは違って平穏だ」、とメールを返してきた。やはり、世界に友人がいるのはありがたい。たしかに、アラブ首長国連邦の国民一人当たりのGDPは約六万ドルで、世界一八一カ国中第五位（二〇一〇年）。日本よりもはるかに高順位だ。医療費や教育費はすべて無料で豊かな生活が保障されている。

一方で、自国民を上回る労働力をインドやフィリピンからの移民に頼っているため、若者の就労意欲がきわめて低く、国富の六割を依存する石油・天然ガスの将来的消失には深い懸念がある。そのため、日本から学ぼうという姿勢は強く、こうした文明対話が進められているのである。しかし、ここでも日本の存在感が薄まっているのが気にかかる。トヨタやソニーはたしかに有名である、しかしその後が続いていない。

アブダビ政府では未来の環境都市としてマスダールシティを建設し、電気自動車、太陽光・太陽熱発電などのリニューアブル・エネルギーを含め、環境都市全般にわたる開発に力を入れている。日本にいて聞くかぎり、マスダールシティの計画は壮大で、ものすごいことが起こっていると思いがちだが、実際に行ってみると砂漠の中にマスダール研究所が建っている他は、それほど大規模な開発がされているわけではなく、強い印象は受けない。広い敷地に、太陽光や太陽熱発電の小さな施設が散在しているだけで、まだ未来都市の様相は呈していない。その中にコスモ石油と東京工業大学による太陽熱発電の実験施設があり、三菱の電気自動車ミーブも走っている。

しかし、そこにはまったく日本人の顔が見えないのだ。

マスダール研究所は未来技術のためにＭＩＴと組んで大学院を開学している。二〇〇九年からスタートした修士と博士課程には世界の留学生、アジアでも中国、台湾、韓国からの留学生はいるが、日本人がいないのである。環境技術が日本の未来であることは間違いない。とくに石油に依存している中東諸国が、世界に先駆けて未来都市の建設をしようというときに、日本の若者たちがそこにいないのは寂しい。もちろん、年間六〇〇万円もの奨学金を受けることができる学生の選抜は厳しく、砂漠にある大学院には腰がひけるのかもしれない。しかし、こうした重要な取り組みに日本人の顔が見えないのは重大な問題である。日本の未来がかかっているのだ。

若者は世界に出よう。

数十億の人々が先進国と同じようなライフスタイルを求めたら、地球は崩壊する。だからこそ、今回の災害を契機に省エネ技術をさらに進化させ、世界の目標となることが求められているのである。日本には技術も人も金もある、ないのはビジョンと一歩を踏み出す勇気だけなのだ。

第六章
世界から学ぶ

アイスランドに学ぶ

二〇一〇年に二回ほど北極圏の最南端に位置するアイスランドを訪れることとなった。一度目は二月の外務省広報からの要請で、二度目は八月のアイスランド大学と商工会議所からの要請であった。サブプライム問題に端を発し、リーマン・ショックで最終的に国家破綻《はたん》に瀕《ひん》したアイスランドの復興に関して、日本の産業政策の講義をするためだ。

北緯六六度前後に位置する人口約三二万人（新宿区と同程度）のこの国は、二十一世紀に入って同国GDP総額の約八倍の世界資金を集めて金融立国を実現した。このとき、世界のマスコミは新しい知識立国の形ともてはやした。現に、二〇〇五年にはアイスランドの一人当たりGDPは日本と入れ替わって世界第三位を獲得している。天然資源に関しては、ほぼ漁業と安価な電力料金しかない小さな国にとって、画期的な出来事だったのである。しかし、前述したようにサブプライムに端を発したリーマン・ショックによってアイスランドの金融機関と国家財政は破綻した。さらに、二〇一〇年の同国エイヤフィヤトラヨークトル氷河の火山噴火と火山灰による欧州エアラインの大混乱によって、アイスランドのイメージは大きく悪化してしまったのである。

ここで、アイスランドの金融破綻の概観について少し触れておこう。二〇〇六〜二〇〇八年にかけて、アイスランドの金融機関は、高い信用格付け（ムーディーズでＡａａ）と海外における低利融資を利用して、高利率のネット預金や低金利外貨建てローンを開発し、非居住者（とくに英国とオランダ）やアイスランド国民から多額の預金を獲得した。上位三行のひとつランズバンキが二〇〇六年に開始したネット預金「アイスセーブ」は、年利五〜六パーセントがつくという高金利が人気を呼んで、なんとイギリス国民三〇万人から四〇億ポンド（約八〇〇〇億円：一ポンド＝二〇〇円計算）、オランダ国民一二万人から一三億ユーロ（約二〇〇〇億円：一ユーロ＝一五〇円計算）も集めたといわれる。この中には両国の公務員共済年金基金などの法人預金も含まれていた。

前述したようにアイスランドの総人口が三二万人足らずであることを考えると、これはとんでもない預金残高ということになる。当時の上位三行による外貨借入残高はアイスランド国内総生産の一五倍に達していたといわれる。

こうして集められた資金は、アイスランド金融機関によって主として海外で運用されていた。もちろん、その運用先にはアメリカのサブプライム・ローンも含まれていた。サブプライム・ローンとは優良（プライム）顧客よりも信用度が一段低い層（サブプライム）へのローンで、当然のことながら低い信用度への貸付けのため高い利率が設定された。このうち住宅ローンは、アメリカ金融機関によって債券化され金融商品として販売されていた。二〇〇六年頃まで続いたアメリカ中古住宅の継続的な値上がりによって、格付会社はこの債券自体に高い格付けを与えていた。したがって、ここへ投資したアイスランドの金融機関を一方的に責めることはできない。

しかし、二〇〇七年六月頃から中古住宅市場を過大に評価したサブプライム・ローンの信用不安が伝えられると、二〇〇八年初頭には、アイスランド金融機関の信用不安にもあっという間に火がついた。焦《あせ》った非居住預金者は預金の急激な引き出しを行い、アイスランドは外貨流動性危機に陥ったのである。

アイスランド中央銀行はＩＭＦの指導の下で、通貨防衛のための数度にわたる金利引き下げ、北欧近隣諸国との通貨スワップ協定の締結をし、最終的には主要銀行をすべて国有化して非居住者の引き出しを一方的に凍結した。政府は諸外国政府との協調関係を維持し、ＥＵ加盟のための努力を続け、さらには財政出動によって債務不履行《さいむふりこう》を回避しようとした。

この種の国際関係は未だに交渉中であり、銀行経営をめぐる裁判も継続中であるから、ここでアイスランドの金融危機について簡単な結論を下すことはできない。

ただし、重要なのはここから日本人が何を学ぶかということである。

アイスランドの金融破綻から学ぶことは二つある。ひとつは無から有を生むような金融商品の危険性であり、もうひとつは日本の金融知力の遅れと、日本の金融業界の中の企業家能力の低さである。

日本の金融はどうなるべきか

アイスランドが日本に目をつける前に、なぜ日本の金融マンや企業は日本の金融大国ぶりに目をつけなかったのか。

日本には一四〇〇兆円という莫大な個人金融資産が眠っている。しかも、その多くが金利〇・〇一〜〇・一パーセントの銀行預金などに塩漬けになっているのだ。日本人の多くはバブル崩壊や株価の長期低落の中で、資金運用にきわめて保守的になってしまった。「あつものに懲《こ》りて、なますを吹く」さながら、一切の株式投資や金融商品に背を向けて超低金利の銀行や郵便貯金に資産を塩漬けにしているのである。

この事実を知らない日本の金融マンはいるまい。

しかし、誰も日本人が安心して購買できるような画期的金融商品を開発しないし、ましてや日本の資金をベースにグローバルな金融市場で一儲けしてやろうという勇ましい金融マンもいないのである。低所得者層への住宅ローンを証券化するといったほとんど無から有を生むような商品開発もひどいが、日本の国債を売っていれば商売になるといった考え方もひどい。

もちろん、リスクのポートフォリオをしっかりと構築せずにサブプライム・ローン中心の金融商品に偏《かたよ》っていたアイスランドの金融マンも問題だが、これだけの潜在能力をもちながら何もしない日本の金融マンも情けない。アイスランドのグローバルな考え方、そしてそのスピリッツは見習うべきではないだろうか。

「いや、日本人にはそんなアングロサクソン的な金融資本主義は似合わない」などと的外れなことを言う人もいるが、「アングロサクソン的であれ」といっているわけではない。

そうではなく、もともと日本の金融システムは、欧米にはないきわめてユニークでイノベーティブな側面をもっているのだ。たとえばそれは、戦後日本のインフラ整備や高度経済成長を支えた民間の預金である。銀行・郵便貯金を通じた日本庶民の高い貯蓄性向が、財政投融資やメインバンク制度を通じて産業インフラの整備や産業資本に転嫁《てんか》し、日本の高度経済成長を支えた。

いま急速に発展するアジアやアフリカ諸国はこうした仕組みを必要としているのではないか。インドやベトナムの街角に日本的なシステムとホスピタリティをもった銀行があったら、大流行《はや》りすると思う。なにも高度な金融知識を使ってマネーゲームをやることだけが、金融立国の道ではないのだ。日本の経験を踏まえた「マル優制度」や「小口貯金」のノウハウをもって、何よりも安心でき、しかもそれが近代化投資に転嫁される金融システムをアジアに構築する。このような夢を実現するためにも、日本の若い金融マンたちは日本の知恵と資金を引っさげてアジアに行くべきなのだ。

そして、そうした経験をベースに新興国の急成長株や国債を組み込んだミディアム・リスクでミディアム・リターンの新商品を開発でもしてくれたら、日本国民も大喜びだ。

さらに付け加えたいのは、年金基金の動きの鈍さである。日本には新しいベンチャー企業を支援するベンチャー・キャピタルがきわめて少ない。こうしたリスクマネーの欠乏が、莫大な先行投資をきわめて不確実で長期的な研究開発に投資しなければならないハイテク産業（バイオテクノロジー、高度IT産業、その他サイエンス・ベースト企業）の成長を阻害していることは、至るところで指摘されている。米国では、一九七九年以降の年金基金改革で年金基金の五パーセントをリスクマネーに回すことが認められ、現在ではこうした機関投資家がベンチャー・キャピタルの主要プレーヤーになっている。

日本でも一九九七年に規制緩和が行われたが、年金基金のリスクマネーへのシフトはほとんど見られない。たとえば、政府の年金は一二三兆円近くあると積算されている。その多くは一〇年もので一パーセント前後の国債消化に使われ、われわれの老後を豊かにしてくれる多様な資金運用に使われていない。いまの日本に必要なのは、こうした資金運用をグローバルに行える企業家精神あふれる金融マンである。

金融資本主義の暴走を批判し、ものづくり回帰をいうのは単純すぎる。アイスランドの金融危機を他人事《ひとごと》として眺めるのではなく、すでに日本のGDPの二三パーセント前後に落ち込んだ製造業に替わる金融・サービス産業をどう育てていくのかの参考にする姿勢が重要である。

繰り返しになるが、日本にあるのは人間という資産だけである。

そして、人間という知識資産のもっともすぐれた点は、「学習し続けることができる」ことにある。日本は古くから世界の知識を学び続けてきた。その手を休めれば、日本に未来はない。

製造業と金融業の最強組み合わせを日本から

今回の震災復興において、スマートシティ建設やスマートグリッド開発には多大な資金が注がれることとなるだろう。しかし、それを従来型の企業が担えば、従来のしがらみの中で大胆な発想が拘束されてしまう。たとえば、原発に多大な投資をしている企業からは原発を否定するような発想は生まれない。したがって、大企業から独立した新しい企業が必要なのである。とはいえ、エンジニアだけでは会社の起こし方がわからない。

いまこそ、日本の製造業のポテンシャルを活かす本当の金融マンが求められているのである。

現に日本の製造業は庶民が少しずつ貯めてきた貯金を、うまく産業に投資することによって成長してきた。主に郵便貯金におけるマル優的保護によって集められた民間資金が、財政投融資を通じて日本の基幹産業に投下されていったのである。いまこそ、こうした仕組みが再考されなければならない。ところが、今の日本の金融機関は優良企業にしか融資をしないため、新しい企業に資金が回らない。

後に詳しく述べるように、震災復興を目指すスマートシティに対する投資は三年以内に設立された会社などに一定枠を向けなければならない。さもなければ、旧来型企業を創造的、もしくは創発的に破壊するような発想が生まれないからである。

何もしなければ、高度な技術を要求するスマートシティ基幹部門に新興企業が参入できる可能性は少ない。だから、一定枠をアファーマティブ・アクションとして設けるべきだろう。アファーマティブ・アクションとは、弱者救済のためにとられる強制措置《そち》である。アメリカにおいてマイノリティの社会進出を助けるために、政府、企業、公的機関に雇用の一定枠を強制したことは有名だが、社会を大きく動かすためにはときとして必要なやり方であろう。もし、こうした措置が強制されて既存企業に資格がないとなれば資格のある会社を設立しなければならない。そこに日本の技術者はもちろん、金融マンたちの出番がある。新しい製造業を新しい形でファイナンスしなければならないのだ。

ソリューション型企業：新しいものづくり

サブプライムとリーマン・ショック以降、やはり日本はものづくりの国ということで製造業回帰が喧《かまびす》しいが、本当にそうだろうか。

前述したように、日本のＧＤＰに占める製造業の割合はすでに二十数パーセントで、雇用創出力では全雇用の一七パーセント程度である。どんなに頑張っても、ものづくりだけでは国富の四分の一程度で、雇用に至っては五人に一人しか雇えない。サービス部門における知識集約型産業に力を入れなければ、一億人を超える日本人の豊かな生活など望むべくもないのである。

金融はもちろんソフトウェア、観光業、医療など他国が簡単には模倣できない分野で競争力を築いていかなければ、二流国家に成り下がるのは目に見えている。単発の車や家電ではすでに競争力を失い始めているのに、それでもなお単発のものづくり立国が幅を利かせているのではどうしようもない。今後は、単発のもの売りから、世界における問題解決（ソリューション）を売り歩く国に転身しなければならない。

ここからは、日本型のものづくりを点から線につなぐことによって新しい付加価値を創ることに成功した企業の事例や、ハード主体の企業体を見事にソフト中心の企業体にしたソリューション型企業の原型を見ながら、新しい製造業を考えてみよう。

まず、あげておきたいのは、日本製品の陳腐化を促進し、日本企業の競争力を著しく減退させたデジタル化と情報化を逆手《さかて》に取って、きわめて強力なビジネスモデルを構築したキヤノンとコマツである。

ニコンと並んで日本のフィルム式カメラを牽引してきたキヤノンにとって、デジタル化は創業以来の危機であった。デジタルカメラの登場によって、アナログ・フィルムとメカニクスを中心に成長してきたカメラ産業に、デジタルとエレクトロニクスを組み合わせた企業が参入してきたのだ。キヤノンは突然ソニーやパナソニックというエレクトロニクスの巨人と戦わなければならなくなったのである。これまでの強みがすべて弱点になってしまうような、大パラダイム・チェンジが起こったのであった。

しかし、キヤノンはデジタル化を契機に、同社の既存製品を新たに組み合わせることによって、強固なビジネスモデルを構築した。それは、デジタルフォトという概念創造であった。

キヤノンは主力商品であったフィルム式カメラを一気にデジタル化すると同時に、同社が培《つちか》ってきたプリンター技術を組み合わせてデジタル写真を「家庭でプリントアウトする」というビジネスモデルを確立したのである。さらに、この二つが結びつくことによって、同社はインク・カートリッジという継続的な収益源を見出した。デジタル化自身は製品のコモディティ化を促進し、急激な競争と価格低下を呼び起こす。

それは、デジタルカメラでもプリンターでも同じことである。デジタル機器の単発売りで利益を確保し続けることは難しい。キヤノンはこの激しいデジタル競争で戦いつつも、一方でインクの製造・販売という継続的かつ利益率の高いビジネスを確保したのであった。単体のもの売りビジネスから統合的なビジネスモデルへの脱却である。

同じくコマツは二〇〇一年の赤字転落を契機に経営改革を断行し、著しく営業利益率を改善してきている。同社が推進してきた「環境・安全・ＩＣＴ化」をベースにしたグローバル戦略が成果を上げているのである。コマツは他の日本企業同様二十一世紀に入って人件費削減を中心とした固定費削減を実行してきている。

ただし、コマツは前述した三つの事業目標「環境・安全・ＩＣＴ化」を選択し、そこに経営資源を集中しただけでなく、新たなビジネスモデルを構築した点において独創的なのである。まず、環境の視点から建機におけるハイブリッド化を導入し圧倒的な燃費性能を確保した。建設ブームが続く中国やアジア諸国にとって燃費性能向上やCO_2削減は深刻な課題であり、コマツのハイブリッド建機は思わぬヒット商品になった。

また、無人化で進められている操業の安全確保や、開発現場のシステム対応も、コマツの競争力である。この競争力を支えているのはまさにＧＰＳを中心としたＩＣＴ化なのである。

一九九〇年代に続発した盗難ブルドーザーによるＡＴＭ盗難を契機に、同社の建機に盗難防止装置と位置検索装置としてのＧＰＳが装着された。広大な建設現場に点在する建機の保守作業にとって、どこのどの機械がどのような修理を求めているかを迅速に知ることは、きわめて重要である。当然、コマツはＧＰＳ導入に関しては早くから積極的であった。しかし、一定区画を出るとエンジンが切れるようにするといった盗難予防措置がもつポテンシャルについては、当初気がついていなかった。GPSと盗難防止機構を結びつけると実に強力な競争優位につながる、そのことを、偶然にもコマツに知らしめたのは、ATM盗難という苦い経験なのであった。

こうしてコマツは、世界各地に点在するコマツ製建機の位置情報ばかりか稼働状況をも正確に把握できるようになった。このような情報を同社の創り上げた情報システム(Komtrax,Komtrax-Plus)に載せることによって、コマツは強力な保守整備体制を構築したばかりか、世界の都市開発や工事の進捗《しんちょく》状況を即時に把握し、的確な景況判断による製造・販売戦略を策定しているのである。

キヤノンのデジカメのように、建機単体ではなく情報技術をベースにしたシステムによって、競争力を維持したのだ。

つまり、両企業は、単発売りのものづくりから、創造した付加価値を継続的に利益として獲得するモデルへの移行に成功したのである。

地球へのソリューション：ＩＢＭに学ぶ

こうした総合力でさらに一段上を行くのがＩＢＭである。

ＩＢＭは一九九〇年代にコンピュータのダウンサイジングの波に飲み込まれ赤字転落した。そこで、アメリカン・エキスプレスや食品会社ナビスコの会長を務めた専門経営者ルイス・ガースナーが、ＩＢＭの歴史始まって以来外部からの最高経営者として再建に迎えられた。前職がナビスコ会長だったため、「ビスケット屋にコンピュータがわかるのか」と訝《いぶか》る声もあったが、ガースナーは厳しいリストラクチャリングを断行すると同時に、ハードウェア中心であったＩＢＭをソフトウェアとサービス中心の企業に変身させた。ガースナーは金融や製造業といった業種には限定されない専門経営者だったのである。

さて、彼が大幅な人員削減とともに下したもうひとつの決断は、不要資産の売却である。パソコン時代を切り開いたＩＢＭ・ＰＣ部門を Think Pad の名称ごと中国企業に売却したのは象徴的だったが、ハードディスク部門は日立、プリンターはリコーと、コモディティ化したハードウェアを次々と売却していったのである。

この一方で、ガースナーはプライスウォーターハウスクーパースのコンサルタント部門をはじめ数十社にのぼるサービス企業の買収を行い、ものすごいスピードで事業転換を加速した。一九九〇年に同社売上げの約八〇パーセントを占めていたハードウェアは二〇〇九年にはわずか一八パーセントにすぎず、利益率は三〇パーセントを超えている。日本の日立、富士通、NECが数パーセント台の低利益率に喘《あえ》いでいるのとは大違いだ。彼の著作『巨象も踊る』(日本経済新聞社)が端的に物語るように、巨大企業IBMはタップダンスを踊れるような俊敏《しゅんびん》企業に変身したのである。この後、ガースナーはネットワーク・コンピューティングやe-ビジネスを提唱し、IBMの新たな方向性を示した。

さらに驚くべきことは、ガースナーの跡を継いだサミュエル・パルミサーノ新会長の新戦略である。パルミサーノはガースナーと違ってIBM生え抜き社員だが、高校時代は「マイ・ガール」などのヒット曲で有名なテンプテーションズのバックでテナーサックスを吹き、ジョンズ・ホプキンス大学で歴史学を専攻した異色の文系社員である。彼は二〇〇二年にガースナーの後継となるや、IBMのサービス化をいっそう進めるとともに、そうしたサービス企業の最終目的として「スマーター・プラネット」、すなわち「より賢い地球」を掲げた。最近日本IBM本社で「スマーター・プラネット」の取り組みを聞く機会があったが、そのスケールの大きさには驚愕した。同社は、「より賢い電力利用や配送電力網の効率化を含めた、スマート・グリッド」「世界各地の水資源マネジメント」「渋滞緩和を含む交通システム改善」「都市問題の全体解決を目指すスマート・シティ」「ビル全体の効率化を図るグリーン・ビルディング」など、地球規模の非効率をコンピュータとセンサーを駆使した情報収集、解析・分析、応用、予知能力を使って解消することに全力を集中しているのである。たしかに、車一台、汽船一台のエネルギー効率を一〇パーセント向上させることはきわめて難しい。しかし、街全体の渋滞をIT技術で解消したり、太平洋の航路を気象予測とともに最適化してセーブされるエネルギーは一〇パーセントどころではない。

こうしたIBMの情報技術に対する多面的な構想力には感心するしかない。

しかし原発をはじめとした発電技術から各家庭におけるテレビ、冷蔵庫、エアコンに至る諸製品まで一貫生産しているのは日本企業を除いて数社にすぎない。これは、パラダイム・チェンジ後の世界をつくる上で、本来、圧倒的優位なのである。なぜなら、家庭の電化製品から町のインフラまで、トータルに製品管理・情報管理できるからだ。それによって、エネルギー削減も、商品個別に行う場合と比べ、はるかに効率性が高まる。

いまこそ、日立、東芝、三菱をはじめとする各社はより統合的なシステム・ソリューションに集中すべきである。とくに、震災後のスマートシティ建設にはこうしたソリューション型のビジネスが主体となるし、それによって日本の原発依存度三〇パーセントを削減することが可能となる。第一章の「イノベーション」のところで述べたように、無数のエンジニア、マーケターそして社会企業家による「創発的破壊」の累積的イノベーションによって、こうしたことが実現するのだ。

日本の交渉力・外交力

製造業と金融、ものづくりとソリューション、といった複合的ビジネスを支える上で、きわめて大事なのが交渉力や外交力である。単発のモノ売りならば、その商品の善し悪しと価格で多くのことを語ることができる。ＧＭとトヨタの車を乗り比べればその答えは簡単だったように、だ。しかし、新産業の創出やソリューションビジネスでは、一見しただけではその価値を相手に伝えることはできない。

高いコミュニケーション能力と交渉力が問題とされるのである。

と、このようなことを書いている最中に、日本の交渉力・外交力のなさを痛感する事件に遭遇した。そのことについて書いておきたい。

二〇一〇年九月に、山西《さんせい》師範大学からの招聘《しょうへい》によって一週間ほど山西省を旅した。同大学は山西省南部の臨汾《りんふん》市にある。北京から一〇〇〇キロほど西南に行ったところだ。日本からはかなり遠いところだが、黄河文明発祥の都市のひとつである。同じ山西省の太原市《たいげん》にある社会科学院の教え子が仲介してくれた縁で、講義に行くことになったのである。

最近嬉しいのは大学院やイノベーション研究センターで育てた留学生たちがそれぞれの国に帰って活躍し始めたことだ。山西省社会科学院の周芳玲《しゅうほうれい》さんもそうだが、タイに帰ったスッパワンさんや韓国の李享五《イヒョンオ》君やフランスのエリック・ジョルベ君、インド工科大学ムンバイ校のモマヤ・キランクマール君などだ。教育や研究で相互に交流できることも嬉しいが、現地の生の声を電話やメール一本で聞くことができるのがありがたい。たとえば、二〇一〇年五月にヨルダン出張した帰りにタイのバンコクに寄ろうとしたところ、タクシン派の抗議デモが市内で激化していた。そこで、タイの名門タマサート大学の助教授になった教え子スッパワンさんに問い合わせると、「報道ほど大袈裟《おおげさ》ではない」という。そこで、アンマンからバンコクに飛んで、ゆっくりタイ式マッサージを受けて美味しい食事をすることができた。

「グローバリゼーション」「グローバリゼーション」と世間はやかましいが、僕は学生に、

「世界中に電話一本で、『そっちはどう？』と聞くことのできる友だちをたくさんもつことが日本人にとっての本当のグローバリゼーションだ」といっている。その意味で、少しずつだが僕のグローバリゼーションは進んでいる。

さて、その周さんからの紹介で、山西師範大学まで行ったのだが、結構な道のりだった。まず東京から北京に飛ぶと師範大学の日本語教授薛成水《せっせいすい》氏が出迎えてくれ、国内線に乗り換えて約一時間で山西省太原に到着、そこで一泊した。太原では薛教授の大学時代の友人にご馳走になった。その友人の息子が大連の東北財経大学で日本語と金融を勉強しているからだ。まだ、日本に興味をもってくれる学生がいるのは実に嬉しい。こうした友人を大切に育て上げることで、日中間の関係はよくなるのだと思う。

この青年に、今回の尖閣《せんかく》諸島の漁船事件の感想を聞いてみる。この件に関して感情的に敵意をもっているのは、中国人の一〇パーセント程度だと彼はいう。多くの中国人は今回の件に関してそれほど強い関心をもっていない。ただし、彼ら若い世代は日本に対して「かつての侵略国」として強い警戒心をもっているそうだ。一方、日本の事情にも詳しく、

「財政赤字は解消できるのか」「バブル経済後の金融政策はどうあるべきか」などと、大学三年生とは思えない質問を次々と投げかけてきた。そして、「なぜ日本は戦後に高度経済成長を遂げたのか」という質問を受けて、僕はいくつかの答えを述べたのだが、この質問がその夜大きな気づきを生むこととなった。

さて、翌朝太原には山西師範大学の公用車が迎えに来ており、一〇〇キロほど南に下った世界遺産「平遥《へいよう》」を見学しながら臨汾に入った。山西省の石窟で有名な大同《だいどう》や中国仏教四大山のひとつ五台山《ごだいさん》は有名だが、城郭《じょうかく》都市平遥も世界遺産に指定されただけあって一見に値する。

平遥は十四世紀明朝代(一三七〇年頃)に完成した周囲六キロの城郭都市で、城郭および街並そのものがほぼ当時の形で存在している。その内部には約四〇〇〇軒の明・清代の商家・民家が存在し、現在も普通の市民が中国的混沌の中で生活しているのである。もちろん、いまや観光地であるため、主として観光客目当ての土産物屋や食堂が多いが、それでも普通の暮らしがあちこちに見て取れて、基本的に人間の営みなど数百年間変わらないことを実感できる空間である。平遥はお茶や塩などの中国製品を中国各地はもちろん、南はインド、西はペルシャ、北はロシアに売りさばく商業都市だった。

また、一八二三年には中国初の為替銀行「日昇昌記《につしようしようき》」（記は日本の大黒屋などの「屋」にあたる屋号）が設立され、清末には中国内外に八〇近い支店網を張り巡らし、商業活動をバックアップしていた。日昇昌記の他にも平遥には二〇以上の有力銀行が集まり、通商活動や銀行業務を警護する防衛企業（いまでいうガードマン会社）なども集積していた。「なるほど、産業連関をもった商業都市とはこのように発達するのだ」ということがよくわかるのである。

日昇昌記内部には当時使われた暗号帳や就労規則が現存しており、いかにして贋造為替《がんぞうかわせ》を見破り、従業員に秘密を厳守させ、高い利益率と安全性を保持していたのかが展示されており、感心することしきりだった。この平遥見物を終え、車はさらに南に一〇〇キロほど下って臨汾に到着したのである。

山西師範大学での授業

山西省臨汾には約九六〇億トンの石炭が埋蔵され、中国でも炭鉱開発や製鉄が盛んなところである。したがって、最近までは深刻な大気汚染が発生し、二〇〇七年にはアメリカの環境研究機関ブラックスミス研究所が臨汾を、「世界でもっとも汚染された一〇都市」のひとつに認定したほどである。これは臨汾市にとってショックな出来事であり、いまではずいぶんと大気汚染は改善されているが、イメージはあまりよくない。しかし、実際に行ってみると大気もきれいになり、古代堯《ぎょう》が都城としただけあって立派な遺跡が残っている。

その師範大学で、日本の産業発展に関する講義を日本語と英語で行うことを依頼されて訪問したのだが、その直前に尖閣諸島における漁船船長の身柄拘束が起こったのである。これはきわめてラッキーだった。日中大学当局では心配する向きもあったが、僕は中国の若い人たちと直接話せる絶好の機会だと思った。また、このことを契機に日本という国についていろいろ考えることとなったのである。

山西省に来る前に、僕は講義を通じて、日本が戦後発展をした理由について「立国に関するパラダイムチェンジ」「旺盛《おうせい》な企業者活動」「日本政府の産業政策」「日本企業の経営システム」などを話す予定だった。しかし、太原で東北財経大学の学生に聞かれた「高度経済成長の要因」をその日の夜に考え続けるうちに、何よりも、日本の経済発展を支えたのは「六五年にわたる平和」だったのではないかと思うに至った。たしかに、すぐれた産業政策や企業システムは重要だった。しかし、日本が謳歌《おうか》できた六五年にわたる永き平和こそ、日本の奇跡的経済発展の礎《いしずえ》だったのではないか。今回の事件で、日本人はこの平和の価値と経済発展の関係を再認識すべきだと確信した。

戦前も日本はそれなりの経済大国として世界経済にデビューしていた。とはいえ、征台の役、西南戦争、日清戦争、日露戦争、満州事変、日中戦争、そして第二次世界大戦と打ち続いた戦争の中で、日本は決して平和ではなかった。だからといって、アメリカが平和だったということではない。第二次世界大戦後の朝鮮動乱、ベトナム戦争、アフガン戦争、イラク戦争などと、ずっと戦争を続けているアメリカが失ったものも大きい。もし、こうした戦争に費やされた戦費をアメリカの成長に加算できたならば、アメリカはどれほどの成長を遂げていただろうか。

平和はよほどラッキーでなければ、「代償」なしに手に入れることはできない。その「代償」とは、自分たちで守る、誰かに守ってもらう、あるいは経済や外交手段を通じて均衡点をつくる、そうした努力をさす。

おそらく、一九七〇年以降日本人は徐々にその意識を失っていったのである。いわゆる「平和ボケ」である。

二階に上げて、梯子を外される

二〇一〇年九月二三日午後、師範大学の学生三〇〇人を集めた大講義で、僕はこの話から始めた。

「いま日中間には緊張感が漂《ただよ》っています。しかし、両国が平和で友好的な関係を築いていくことこそ二十一世紀の課題です。お互いにその道を冷静に探っていきましょう。しかし、日本は法治国家ですから、無駄な圧力は不要です。今回の件については、日本の司法当局が粛々《しゅくしゅく》と法的判断をしますので、それを見守ってください」

意外にも会場は学生たちの温かい拍手で包まれたのである。彼らは日本の経験を一生懸命目を輝かせ、またメモを取りながら聞いてくれた。授業後の質疑応答も積極的で、予定時刻を一時間もオーバーするほどだった。しかし、本当に驚いたのは、講義後に宿舎のインターネットで「船長釈放」の報道を目にしたときである。

「釈放！　えー」

いま学生たちに「日本は法治国家だ」と宣言して来たばかりなのに、いったい明日はどんな顔で彼らに接すればいいのか。二階に上げて、梯子《はしご》を外されるとはまさにこのことである。本当に恥ずかしかった。多くの中国人学者も「日本は釈放すべきではなかった」と言ってくれていた。いったい日本政府は何を考えているのだろう。

平和なしに発展はありえない。同時に、その平和は「代償」すなわち外交力なしにはありえないというのに。

そんな憤《いきどお》りもあって、最近、幕末から維新にかけての歴史をもう一度勉強し直してみた。そしてわかったことは、幕末の志士たちを、日本国を背負う維新官僚に仕立て上げたのは、結局諸外国との外交折衝に他ならなかったということである。

「幕末の志士」といえば聞こえがいいが、彼らの多くは青臭い尊王攘夷の掛け声に熱狂し、倒幕に邁進《まいしん》した田舎侍であった。その彼らが明治維新を成し遂げて、日本という統一国家を樹立していくには、いくつもの乗り越えなければならない高いハードルがあった。なかでも、植民地化を虎視眈々《こしたんたん》と狙う列強諸国に対して、明治国家が国際的に信頼できる国家であることを実証することが重要であった。そのプロセスで無責任な幕末の志士たちは責任ある維新官僚に成長したのである。

次章では、大隈重信にスポットを当て、国の基本である外交力を明治期の日本がいかに身につけたのかを見ることにする。その先に、日本の外交姿勢のヒントもあるにちがいない。

第七章

歴史に学ぶ——大隈重信の革新性

志士から日本人へ：外交官大隈重信

下級士族を中心に設立された明治維新政府が、いとも簡単に中央集権国家をつくり出したというような印象は幻想である。むしろ、維新後数年間はいつ革命反動勢力の巻き返しにあってもおかしくはない状況であった。

維新政府にとって直近の課題は、二〇〇年以上続いた幕藩体制を完全に解体し、同時に財政基盤を確立することであった。そのためには、強制力をもつ軍事機構と収入基盤となる徴税機能を確実なものとすることが必要であった。しかし現実には、維新政府の実態は薩長を中心とした諸藩連合のままであり、各藩の統治は各藩主に任され、財政基盤も幕府の直轄《ちょっかつ》地を抑えただけの脆弱《ぜいじゃく》なものであった。

しかも、問題は国内の統治にかぎらなかった。日本およびアジア周辺には植民地的野心を抱いた列強各国が、自国の権益拡張のために手ぐすねをひいて待っていたのである。その意味で、幕末以来の内憂外患《ないゆうがいかん》は維新後も依然として続いていた。

この脆弱な新政府に政治主体としての自覚と制度改革への強い意志をもたらしたのは、実は外交問題であり、「幕府に代わるわが国唯一の主権者であることを諸外国に承認させる」という対外的責任だったのである。[1] 十九世紀末期の帝国主義状態にあって、新政府は幕府から安政通商条約を引き継ぐことによって、対外的に日本を代表する主権者となった。しかし諸外国にとっては、新政府が交渉の相手に足る主体か否かは、交渉プロセスにおける新政府の力量にかかっていた。これはそれまで単純に攘夷を唱えていた維新の志士たちにとって簡単な任務ではなかった。とくに、新政府高官となった彼らの年齢を考えたときに、背負った重圧の意味がよくわかる。みな若いのだ。

維新前年の一八六七年、薩摩《さつま》の長老といわれた西郷隆盛、大久保利通《としみち》でさえそれぞれ四〇歳と三七歳。長州の筆頭であった木戸孝允《たかよし》三四歳、井上馨《かおる》は三二歳で、伊藤博文はまだ二六歳にすぎなかった。坂本龍馬は三二歳でこの年に没している。大隈重信は、維新前年に二九歳になったばかりであった。もちろん、彼らに外交経験などはない。この不平等条約の下で発生するさまざまな外交問題を処理するプロセスで、彼らは急速に「藩士」から脱皮し「維新官僚」に成長したのである。しかし、その具体的プロセスは未だによくわかっていない。

ここでは、その脱皮過程を体現した一人の若侍を追ってみたい。[2] それは、薩長出身でもなく、幕末においてこれといった活躍をしてこなかった佐賀藩士大隈重信である。大隈は、維新後急速に明治政権の表舞台に登場し、その初期外交において列強諸国との折衝を担い、続いて初期財政運営の中核を担うに至った。彼の官僚そして政治家としての飛躍を支えたのが、まさに田舎侍の倒幕攘夷論者から国際的責任を全うしなければならない外交官への脱皮プロセスだったのである。

ほとんど無名の青年が明治日本を背負い、世界に対峙《たいじ》し、財政責任を自覚していく様子をぜひ震災後の日本で写しとってほしい。

大隈は文字を書かない人として有名であった。一説によれば、佐賀藩士時代に藩主から授けられた一通の辞令に「大隈八太郎《はちたろう》」と書いた以外は署名もしなかったという。大部の上申書、論考や評論を残し、東京専門学校（後の早稲田大学）を創立した人物としては意外な事実だが、その記述のほとんどが口述筆記だという。[3] しかし、彼の『昔日譚《せきじつたん》』はきわめて率直かつ同時代史的述懐があって面白い。まさに地方の一藩士が幕末から維新にかけて大きく成長する姿をいきいきと伝えている。もちろん、自叙伝であるから自己肯定や誇張などが含まれる可能性はある。そのため、できるだけ状況証拠や傍証を心がけたつもりであるが、同時代史のもつ躍動感をベースに筆を進めることを前提とした。

藩士から志士へ

大隈八太郎重信は一八三八（天保九）年、佐賀藩士大隈信保《のぶやす》の長男として生まれた。父親は長崎砲台の指揮官を務めた上士《じょうし》であった。七歳から藩校弘道館《こうどうかん》に学ぶようになったが、一二歳のときに父親を亡くしているため、決して豊かな士族階級として育ったわけではない。佐賀藩弘道館は朱子学に根ざした伝統的な校風に加えて、同藩に伝わる『葉隠《はがくれ》』に基づいたある種狭隘《きょうあい》な武士道を徹底的に教える藩校であった。大隈は次第にその窮屈な校風に反発し、仲間とともに藩校改革を企てて一七歳のときに退校処分を受けている。この『葉隠』に対する懐疑的な述懐には、大隈のざっくばらんな大局観がうかがえて面白い。

巻を開くと「釈迦も、孔子も、楠も、信玄も、曾《かっ》て一度も鍋島《なべしま》家に奉公した事のない人々であるから崇敬するに足りない」旨を記した一章がある。これだけでもこの本の性質がわかるだろう。(『昔日譚』二二五頁)

一八五三年のペリー率いる黒船の来襲を境に、日本中に攘夷論が高まる一方で、より先進的な人々の間では海外知識を習得する蘭学に対する欲求も高まっていった。一八五五年、退学処分となっていた大隈も蘭学の必要性を認識して、佐賀藩が設置していた蘭学寮に再入学した。その頃幕府が送った訪米団に参加した佐賀藩士たちが帰国し、米国の現状について語り始めると、大隈は「蘭学よりは寧《むし》ろ英学を勉強する方が必要で、かつ利益があるのを覚《さと》ったので、急いでその講習に従事」したという。[4] 英語が世界語だというのはすでに幕末のころからの話なのである。さらに、彼は同志たちと謀《はか》り、蘭学寮の学生を長崎に派遣し、外国人を雇っていっそうの知識を吸収させることを提案した。普通であれば当然否定されてもおかしくないこの建議は、意外にも藩主鍋島閑叟《かんそう》の許しを得て実現されることとなった。

当時の長崎は日本において京都と並んでもっとも重要な都市であった。各地の志士たちが集まったばかりでなく、幕府を筆頭に各雄藩がこぞって戦艦や武器弾薬を諸外国に発注していたからである。そうした取引情報から、風雲急を告げる幕末諸侯の動向が手にとるように観察できた。大隈は英学を通じて欧米とくにアメリカの政治・経済・司法・科学技術等の勉学に励み、その先進性に大いに感服する。そのときに師事したのがフルベッキ写真で有名なウィリアム・フルベッキであった。[5] その反動で漢学に対して手厳しい評論を加えるようになるが、彼のストレートな怒りは当時の若者の心情を知る上で興味深いので、引用しておこう。

漢学は凡《すべ》て空理空論を第一とするもので、勿論《もちろん》活動的な社会の人間を養成するに足りない。これを養成するに足りないばかりでなく、反《かえ》って有為の人物を無用の人に変えてしまうものである。ご覧なさい。現に儒者と云われる人が、人類社会にどんな地位を占めているだろうか。彼らは一種の生き字引で、ただ消化し切れない文学を胸中に貯え、常に誤った夢を見るにすぎない。政治上、社会上、実業上でいささかの利益を現《あらわ》すことなく、また一つを計画しても、その目的を、方法を考え出すこともなく、ただ出まかせの言葉を並べて自ら足れりとするのみである。（『昔日譚』、六〇頁）

きわめて独善的な述懐でもあるが、それゆえに大隈の新しい知識に対する興奮を感じることができるだろう。大隈の興奮はさらに高揚《こうよう》して、長崎に英学校「致遠館《ちえんかん》」を建て、佐賀藩の子弟はもちろん他藩の有志も募ろうという建議にまで至っている。この突飛《とっぴ》もない要求に藩の役人が応じるわけはなかった。そこで大隈たちがとった次なる行動がきわめて実利的であるだけでなく、その後の明治政府の性格を知る上で重要である。

大隈たちは新たな資金源を求めて佐賀をはじめとする商人たちに急接近した。彼は述べる。「思えば人は意外な方向へ導くもので、どこかで資金を得て、学校を盛んにしようという意志が、わたしたちと商人らとの交際を結ばしめたのである」と。

大隈たちは佐賀の商人たちから献金を得るために、江戸への物資販売などを企《くわだ》て自ら商売に参画した。結果はうまくいったとはいえないが、坂本龍馬ばかりでなく維新期の主要人物の一人である大隈重信も、商業・貿易の重要性をここで理解したことに注目したい。「わたしが富国策を唱えたのは、この時のことで、一つには藩の役所を動かし、また一つにはこれら商人のために助けになるように望んだからである」と、維新後の富国政策の原型として回想している。[6]

この奔走のさなかに、一八六五（慶応元）年、幕府は第二次長州征伐を発令する。長崎にあって諸外国の動向をつぶさに確かめてきた大隈が危惧《きぐ》したのは、この内乱に諸外国が乗じて日本の植民地化が進展することであった。「危機が目の前にせまって来ている。国家禍《わざわ》いの元である幕府を滅ぼし、諸藩を王制一統の下に置かなければ、救済することができなくなるだろう」と大隈は副島種臣《そえじまたねおみ》らとともに脱藩し、京都大阪に上って幕府転覆工作を実行しようとした。しかし、土佐藩・薩摩藩などと違って藩からの支援もない彼らはあえなく藩吏に拿捕《だほ》され、佐賀に送り返され謹慎の身となったのである。[7]

攘夷から外交折衝へ

幕府の第二次長州征伐は失敗と帰し、将軍家茂《いえもち》は大阪で急逝《きゅうせい》、慶喜《よしのぶ》が将軍職に就いたが、幕府の凋落《ちょうらく》・内乱の危機はいっそう深刻化した。この時代の急変が、尊王倒幕を説いてきた大隈たちに再び佐賀藩政への参画機会を与えることとなった。藩執政たちも時代の変化に震撼《しんかん》して、ついに大隈や副島たちの意見を採り入れざるをえなくなったからである。

大隈は謹慎を解かれて再び長崎に送られるが、その間も彼は引退した藩主鍋島閑叟を維新の舞台に引っ張り出そうと画策した。しかし、閑叟は最後まで動かなかった。長州征伐の裏で薩長連合が成立し、徳川慶喜が大阪を脱出した報《しら》せが漏れると、幕府や親徳川諸藩に動揺が広がった。この動揺が、それまで倒幕維新の表舞台に一度も登場もしなかった大隈重信を新政府の中枢に呼び寄せることとなった。長崎外国奉行たちの職場放棄が起こったのだ。

周知のように長崎は日本最大の外国貿易の拠点であり、開港以来すでに諸外国とのさまざまな交渉が始まっていた。そこでは、貿易や民事における事務処理が山積しており、日本側の突然の職場放棄は、むろん一国の信用にかかわる重大事であった。とくに、佐賀藩は従来長崎に対して重大な責務を負っていたため、この事態に急遽《きゅうきょ》対応せざるをえなかった。佐賀藩は藩命をもって英学をおさめた大隈を外交折衝にあたらせることとしたのである。同じように倒幕の責任を負った薩摩からは松方正義、町田《まちだ》久成《ひさなり》らが、長州・土佐からも同藩の俊英が送られ「長崎仮政府」が設置されたのであった。[8]
大隈はこの外交問題こそが日本独立の原動力であったと述懐する。

> 外交に対してわが国民は愛国心を発揮し、従って大義名分の説となり、尊王攘夷論となり、倒幕となり、王政統一となり、また外交にみちびかれて新政府が組織され、そしてこれに刺激されて内治百般の事物を改良する機運にめぐり会ったのである（『昔日譚』一九八頁）

維新政府の中核となる志士たちの自覚形成が、内部政治よりも、万邦対峙《たいじ》の国際関係によっていた事実は、明治維新を理解する上で、さらには日本のあり方を考える上で、重要である。外部圧力が内部的には諸藩連合にすぎなかった明治政府を中央集権政府に至らしめ、財政と軍政に関わる改革を断行させたからである。

若き志士たちにとって、反幕府、倒幕、そして勤皇と展開した明治維新であったが、それはいまだ「幕府と藩」といった古いパラダイムを引きずった権力闘争にすぎなかった。しかし、幕府から引き継いだ外交問題は、ママゴト的であった維新を、独立国家の樹立という一大事業へと転換させたプロセスでもあった。

大隈が、「多くのものは佐賀藩の人であるを知っても、日本国民であるを知らなかったのである。まして世界人であるべき理屈を塵《ちり》ほども知らなかったのである」と述べるように、佐賀藩士にかぎらず当時の志士たちもまだその本質は藩士にすぎなかった。また、倒幕主導者は幕府の開国論を攘夷論をもって強く非難してきたにもかかわらず、実際に自分たちが政権奪取したときにどのような外交をするのかについては何の構想もなかった。それが突然折衝の矢面《やおもて》に立って、数々の外交懸案を処理しなければならなくなったのである（どこかの国で最近起こったことと酷似《こくじ》してないか）。

なかでも、「キリスト教問題」が志士たちに初めて日本国を代表する維新官僚としての自覚を迫った事実はあまり知られていない。

隠れキリシタンという奇跡

後に発覚した事実だが、江戸期を通じて長崎には厳しい弾圧を恐れながらも堅い信仰を守り続けた隠れキリシタンが多く存在していた。安政修好通商条約後、彼らは外国人が自由にキリスト教を信仰するのを見て、次第に自らの存在を明らかにしていった。とくにその契機となったのは、一八六五年フランス人神父たちによって建立された大浦天主堂であった。[9]

ペリー来航後、幕府は安政修好通商条約をアメリカ、イギリス、フランス、ロシア、オランダ五カ国と締結した。その日仏条約第四条では、「日本にあるフランス人、自国の宗旨を勝手に信仰いたし、その居留の場所へ宮柱を建つるも妨げなし」とされていた。こうした条項はアメリカ、オランダ、ロシア、イギリス各国でも同様の規定となっていた。この条項に則《のっと》ってフランス人神父フューレ、プチジャン、ロカインらは、一八六五年一月に長崎大浦にバロックとゴシック混合様式の天主堂を完成し、その尖塔に大きな金メッキされた十字架を掲げたのであった。彼らは各国公使などを招待した上で盛大な開所式を行うとともに、それを日本人にも公開した。

神父らにとっては、二〇〇年以上も前に「キリシタンがさかんに行われながら、禁教と鎖国」の地となった日本において、もしかして生き残っているかもしれないキリスト者を発見し、信仰を復活させることも来日の目的であったからである。[10]

一八六五年三月、その奇跡が起こった。大浦天主堂が完成し、「フランス寺（大浦天主堂＝米倉註）にサンタ・マリアさまがおいでになる」という噂が長崎郊外の浦上に伝わると、浦上にいた隠れキリシタンたちに大きな衝撃と期待の波が走った。浦上に密かに伝えられていたのは聖マリア信仰であり、しかも信者の間には「七代先にベーデレ（神父のこと）が彼らを救いにくる」という教えが語り継がれていたからである。彼らは大浦天主堂の上に燦然《さんぜん》と輝く十字架に、二〇〇年来隠し続けた信仰の心抑え難く、ついに連れ立って天主堂を訪ね、念願のサンタ・マリアに祈りを捧げるという行動に出たのである。プチジャン神父はその日の奇跡を横浜に駐在する教区長ジラール神父に以下のように書き送っている。[11] 長い引用になるがその感動を伝えるために書き記しておきたい。

昨日一二時半ごろ、男女小児うち混った十二名から十五名ほどの一団が天主堂の門前に立っていました。ただの好奇心で来たものとは何やら態度が異なっている様子でした。天主堂の門は閉っていましたから、私は急いで門をひらき、聖所の方に進んでゆきますと、参観人も後からついてまいりました。（中略）

私は救い主《ぬし》のみ前に跪《ひざまず》いて礼拝し、心の底まで彼らを感動させる言葉を私の唇に与えて、私を取り囲んでいるこの人びとのなかから主《しゅ》を礼拝する者をえさしたまえと、祈りました。ほんの一瞬祈ったと思うころ、年ごろは四十か五十歳ほどの婦人が一人私のそばに近づき、胸に手をあてて申しました。

「ここにおります私たちは、みな貴師さまと同じ心でございます」

「ほんとうですか。どこのお方です、あなた方は」

「私たちは皆、浦上の者でございます。浦上ではほとんどみな私たちと同じ心をもっております」

こう答えてから、その同じ人が、すぐ私に「サンタ・マリアの御像はどこ？」と尋ねました。(中略)

サンタ・マリア！　このめでたい御名《みな》を耳にして、もう私は、少しも疑いません。いま私の前にいる人たちは、日本の昔のキリシタンの子孫に違いない。

この婦人は実際には、「ワレラノムネ、アナタノムネトオナジ」と言ったといわれているが、このときのプチジャン神父の驚きと感動は想像にかたくない。[12]

二百数十年間の厳しい弾圧に耐え、しかもほぼ浦上一村そのものがキリストへの信仰を語り継いできた事実はまさに奇跡に近い。この婦人の言葉を聞いたときの、プチジャン神父の膝の震えが伝わってくる。天主堂での告白はもちろん内密なものであったが、一度発露した隠れキリシタンたちの信仰への思いは止め難く、このことを契機に一八六七年四月ついに彼らは自葬という形で自らのあり方を世間に露出した。

自葬とは、寺請《てらうけ》（檀家）制度によって統制されていた徳川時代にあって、仏式の供養を経ずに勝手に葬式を出すことである。この長崎の地にあって農民たちがあえて自葬するということは、すなわちキリスト信仰を公言することに他ならなかった。浦上の庄屋は、当初このことを軽く考えて「いまの坊さんが嫌いでそうするならば、坊さんをかえてやろう」と言ったというが、キリシタンたちは「坊さんはどなたであろうといらないのでございます。お寺とは縁を切りたいと存じまする」と断言した[13]。

当然、この報告は長崎奉行所に上り、代官たちはその心得違いを諭《さと》そうとするが、勢いづいた彼らの信仰は逆に火をつけられた形で強固となっていく。公然たるキリシタンたちの反抗を目の当たりにした奉行所は、徳川祖法に対する大反逆と見なし、「浦上四番崩れ」と呼ばれるキリシタンの大量検挙と大弾圧を断行したのであった。

この大量検挙に天主堂を建立したフランス人をはじめ多くの居留外国人たちは激怒し、公使たちを通じて徳川幕府に激しい抗議を繰り返した。幕府は列強諸国の抗議にあって、いったんは村人の帰村を約束するが、約束は守られず、凄惨《せいさん》を極めた拷問のうえで邪宗からの改宗が強制された。列強諸国はその事実をもとに、野蛮なる幕府に対してさらに激しい抗議を繰り返したのである。

外交課題としてのキリシタン問題

そうした最中に徳川幕府は瓦解《がかい》し明治政府が樹立され、前述したように長崎奉行は職場放棄の末遁走《とんそう》した。新政府は一八六八年二月に長崎鎮撫《ちんぶ》総督として澤宣嘉《さわのぶよし》を、外国事務係として井上馨を送り込み、当時長崎仮政府として執務していた大隈をそのまま総督府副参謀に抜擢《ばってき》した。

新政府はこの年の四月に祭政一致の政体に復古し、神道国教主義を宣言した。この宣言は定三札、覚二札からなる五傍《ごぼう》の立札として全国に掲示されたが、その第三札で新政府は「切支丹邪宗門ノ儀ハ堅ク御制禁タリ」としてキリスト教信仰を禁じた。新政府は徳川幕府の反キリスト教政策を継承したのである。

澤は長崎に広がるキリスト教の勢いに驚くとともに、地元民から寄せられるキリシタン取り締まり要請に応えて、キリスト者五〇〇～六〇〇人を逮捕した。このままキリスト者を放置すれば、あらゆる法制度が瓦解する恐れがあったからである。さらに、澤らの目論《もくろ》見《み》では、キリスト者の「心得違い」を諭せば簡単に片のつく問題であり、維新政府の権威も確かなものになるはずであった。これは逆効果であった。抑圧され続けた信者たちの意思は驚くほど固く、徳川幕府崩壊によって一度解放されるや、ますます先鋭化していったのである。

わたしたちはこれまで一度もお上の命令に背いたことはなく、租税を怠ったり、罪を犯したことはない。ただこの耶蘇《やそ》教だけは天の神様に関係することだから、たとえ生命を失うとも変えることが出来ない

と徹底抗戦の構えを見せたのである。[14] さらに長崎に駐留した諸外国も、維新政府の集団逮捕をきわめて野蛮な行為として非難した。

これは新政権にとってきわめて厄介《やっかい》な事態の進展であった。

もし、外圧に屈した形でキリスト者を解放すれば、幕末維新の混乱をさらにアナーキーなものにするばかりか、攘夷を喧伝《けんでん》してきた新政府の権威は失墜し、再び反動勢力の台頭を許す可能性がある。一方で強硬姿勢を貫けば、回避されてきた欧米との開戦やそれに乗じた内乱の危機に直面する可能性もある。現在でもそうだが、キリスト教をバックボーン

とした列強外交はきわめて一方的な倫理観の押しつけであるばかりか、その正当性について自ら疑うことをしないだけに厄介な問題であった。[15]

パークスの恫喝をはねのけた大隈

このとき大隈は長崎にあって欧米の知識を駆使しながら、商慣習問題や貿易交渉で一定の手腕を示していた。英学を率先して学んだことが役に立ったのである。この活躍を見て、新政権は大隈を新政府参与に抜擢し、長崎よりもさらに混乱を極めていた横浜で外交折衝にあたらせることとした。大隈は長崎から横浜に発《た》つ途中、急遽大阪に呼び寄せられ、長崎におけるキリスト教問題について新政権幹部から事情聴取を受けた。

大隈はキリスト教問題をめぐる対外折衝《せっしょう》にあたって、幕府以来続いた「譲歩主義」からの決別を進言する。大隈は、幕府外交は基本的に列強からの要求を先送りする猶予策にすぎず、結局譲歩を重ね続けることに終始してきたと断言する。こうした譲歩主義の延長線上で、「外人らの請求をいれ、已《すで》にわが権力で捕縛した五、六百人の囚人を許し、同時に耶蘇教に対する国禁を解くとしたら、（中略）反対党は必ず大同団結の必要を感じ幕府と連合するだろうし、東北はこのため気勢を上げるだろう」[16]。大隈はこの対処を誤れば新政府の基礎は崩壊すると考えた。「これまでのように譲歩主義をとる以上は、外交は全うする時は来ないのである。一国がその独立の威厳を示すのはこの時である」、と内閣の決断を促した。

新政府は大隈の強硬路線を支持し、外交総裁山階宮《やましなのみや》、木戸孝允、小松帯刀《たてわき》、後藤象二郎らの出席のもとで急遽大隈を代表とした外交交渉を大阪本願寺別院で行うこととした。各国領事を代表したのは英国公使ハリー・パークスである。周知のようにイギリス公使パークスは幕末外交にあってもっとも中心的な役割を果たした外交官である。アヘン戦争後の対清朝交渉においても強面《こわもて》の交渉をした人物であり、基本的にアジア外交には「脅しと威嚇」で臨む典型的アングロサクソン外交官であった。[17]

パークスは交渉開始直後に、「わたしは大隈とは談判をしない。このような地位の低いものは責任を持たないからである」、と威嚇《いかく》姿勢から入る。大隈は心外するものの、パークスの常套手段として動揺しない。彼はこれまで英学で学んだ二つの知識を駆使しながら、パークスの要求を一蹴《いっしゅう》した。[18]

ひとつは国際法における自国法の優越である。「わが国の法律を以って、わが国の人民を罰するのに、外国の干渉を受ける理由は少しもない。故にわたしたちはこの事に関し、別にあなた方と談判する必要がない」、と。パークスはこの姿勢に対して「怒り、手をふり、テーブルをたたいて」反論したという。

もうひとつは歴史的知識であった。大隈はヨーロッパにおけるキリスト教が招いた数々の戦争を鋭く指摘した。

耶蘇教は真理を含んでいるに相違いない。ただその歴史は弊害で満たされたことを忘れてはならない。或る歴史家は云う。欧州の歴史は戦争の歴史であると。また或る宗教家は云う。ヨーロッパの歴史は即ち耶蘇教の歴史であると。この二者の言葉に誤りがないなら、耶蘇教の歴史は即ち戦争の歴史である。耶蘇は地上に平和を送ったのではなく剣を送ったものである。耶蘇が生まれてから、ローマ法王の時代になり、世間に風波を捲き起こし、ヨーロッパの人々を絶えず非常な苦しみに落としたのは、何者のなせるわざであったか。むかしから各国の帝王は、時に残虐な行いをした。しかしこうした帝王の上に立って、一層残虐な行いを強行したものは誰であるのか。(『昔日譚』二一七〜八頁)

ヨーロッパを戦争の歴史と説き、そのヨーロッパは同時にキリスト教の歴史と説く。したがって、キリスト教の本質を戦争・殺戮《さつりく》の歴史と非難する。ある種の鮮やかな三段論法である。パークスは「善良な者を敵視する程悪虐なものはなく、真理を受け入れない程馬鹿げたことはない。(中略)日本国はきっと滅亡するだろう」と恫喝《どうかつ》する。しかし、大隈は「なんでもかんでも外国人の指揮に従う時は、わが国が滅亡する時であろう」と一蹴し、会談は物別れに終わった。

この談判の様子は大隈の『隈公閑話』や『昔日譚』に依拠しているが、大正一三年頃の述懐のため大隈の誇張や創作が含まれている可能性を否定することはできない。しかし、英国公使書記官アーネスト・サトウはこのときのことを以下のように述べているため、あながち大隈の誇張だけとも言えまい。

> ハリー卿（パークスのこと＝米倉註）は前回の閣員を相手にこの問題を再び論議したが、こんどは岩倉もこれに加わった。初めて顔を見知った大隈八太郎という肥前の若侍が、自分は聖書や「草原本《プレーアリ・ブック》」（原文訳註　祈禱本《プレイヤー・ブック》を誤って発音したのを皮肉ったもの）を読んでいるから、この問題は充分心得ていると、われわれの面前で見えを切ったのは、多分この時だったと思う。[19]

結局、会談はもの別れに終わったが、新政府と列強との間でこの問題をめぐる武力衝突は回避されたのである。外交姿勢は国の基本である。脅《おど》しに屈しない日本官僚・政治家を日本がこの段階で得たのは幸運であった。

さらに、この活躍が薩長という藩閥政治の枠を超えて大隈にさらに出世の糸口を与えた。アーネスト・サトウが「初めて顔を見知った肥前の若侍」にすぎなかった大隈は、これを契機に中央政府に大きな地歩を固めていくのであった。[20]

貨幣悪鋳と銀貨流出

大隈を志士から外交官僚に進化させたのがキリスト教をめぐる外交折衝であったならば、彼が明治政府を代表する大蔵官僚に変身できたのも外交折衝を通してのことであった。長崎での実績を買われて横浜に赴任した大隈がそこで直面したのは、日本の貨幣政策につけ込んだ外国商人の横暴であった。

幕末から明治初年にかけてキリスト教問題と並んだ厄介な外交問題は、悪貨・偽貨さらには濫発《らんぱつ》された藩札《はんさつ》などをめぐるトラブルであった。安定した通貨政策は独立国にとってその威信に関わる問題である。

しかし、江戸幕府や各藩は幕末の財政逼迫《ひっぱく》に対応するため、金貨を水増しする形で改鋳《かいじゅ》し、財政収入を増やすことを常態化させていた。これは政権を受け継いだ新政府にとって体面上由々《ゆゆ》しき問題であるばかりか、国家財政破綻に関わる問題であった。

慶応年間に結ばれた改税条約において、日本は一分銀三一一枚をメキシコ銀貨一〇〇ドルと兌換《だかん》することを約束させられていた。水増しされた一分銀や大判小判をベースにメキシコ銀貨との兌換がなされると、日本からの大量の銀貨流出につながる恐れがあった。事実、その比率に目をつけた外国商人たちは改鋳された悪貨を買い漁《あさ》り、兌換するケースが急増した。さらに、明治政府になって発行された太政官札《だいじょうかんさつ》が新たな火種となった。この官札は不換紙幣であったため、その兌換をめぐって、横浜では大混乱が起こっていたのである。[21]

日本と通商関係を開始した諸外国にとっても、日本における貨幣制度の整備は重大なる関心事であった。大阪におけるパークスとの会談後、横浜に派遣された大隈はいきなり外国官副知官事に大抜擢された。当時病床に臥《ふ》していた薩摩出身の小松帯刀が大隈をその後継として指名したからである。佐賀藩出身の大隈にとって、薩摩一の英才といわれた小松からの抜擢は大きな驚きであり、喜びであった。大隈自身の言葉には、その驚きが素直にあふれている。

その当時は薩摩と云い、長州といい、（中略）いずれも薩長の出身者が多かった。外交官だけが除けもの扱いにはされていなかった。寺島《てらしま》陶蔵（宗則《むねのり》）、町田民部（久成）、五代《ごだい》才助（友厚《ともあつ》）は薩摩藩の人で外国官判事であった。（中略）これらの人たちは、多くは小松の推薦でその地位を占めたもので、いずれもわたしの先輩であった。小松が腎臓病に罹《かか》ってもう一度起《た》ち上がることが出来ないのを知って、その後任者を推薦しようとした時、これらの人たちから引き抜くのは、必ずしも私心や情実によるとは云えないだろう。ところが彼は終《つい》にこれらの人々を引き抜かず、この大隈重信を推薦しようとは、わたしも他人もみな予想外のことであった。[22]

これを契機に大隈は日本外交の総責任者になり、横浜の貨幣問題に取り組むことになった。大隈はこの貨幣問題を精査するうちに、これは外交問題というよりは日本の貨幣政策ひいては財政政策の問題であることを理解した。そして、当時由利公正《ゆりきみまさ》に率いられた会計官の無能を厳しく追及するようになった。

由利は幕末越前藩において、藩札発行による商工業の勃興と貿易による正金蓄積を成功させた実績があり、維新政府は彼を御用金穀取扱役に任じて政府財政の基盤整理を託した。彼は、明治政権の基盤を作るために太政官札なる金札三〇〇〇万両を発行し、それを各藩あるいは商工業者に貸付け、産業振興を図ると同時に貿易を通じて正金を国内に蓄えることを推進した。これは、幕末越前藩での財政政策を新政府において再現するものであった。予定では、この太政官札の流通期限は一三年間とされ、この資金を商工業者に一〇パーセントで貸し付け、新政府の財政基盤を確立するはずだった。

しかし、政府の発行額管理は杜撰《ずさん》となり、明治二年末にはすでに四八〇〇万両余の太政官札が発行され、そのうち三〇〇〇万両は産業振興ではなく財政赤字補填に充てられていた。そのため、太政官札は当初から信用を得ることができず、金札でありながら正貨の四割程度の交換価値しかもちえなかった。[23]

放漫《ほうまん》な財政状況を放置し、統一貨幣政策も打ち出せない由利に対する危機感を募らせた中央政府はついに由利をみかぎり、明治二年三月、外国官副知官事であった大隈に会計官副知官事を兼任させた。結局、明治初期の外交問題とは新政府の国際的信用獲得のプロセスであり、貨幣問題も本質的には同じであった。キリスト教問題によって外交交渉の洗礼を受けた大隈が、貨幣問題でも抜擢されたのは、明治政府もその認識を強くもっていたためである。こうして、大隈は中央政界の財政部門にも大きな地歩を築くこととなったのであった。

貨幣問題は「日本ノ物」ではない

大隈は、日本の独立にとって貨幣制度の確立がきわめて重要と認識するようになっていった。彼の認識の大転換は、外国商人による悪貨換金の結果海外に流出する金銀を目の当たりにして、「貨幣ハ日本ノ物ニシテ日本ニテ自儘シガタキ物」と心底痛感したことにあった。[24]

これは、貨幣の問題を自国の問題として考えてきた鎖国時代の観念に対しては、革命的なパラダイム・チェンジであった。

大隈は世界と対峙する中で、日本の貨幣は実は「日本ノ物」ではなく、世界と深く関わるものだと認識したのである。しかし、彼自身「簡単に言えば、果たしていかなる貨幣を鋳造すべき乎《か》は是《こ》れ実に一の難問題なり」と述べているように、いかなる貨幣制度を確立するかは決して易しい課題とは思っていなかった。[25]

したがって、明治二年二月、大隈は貨幣問題に取り組む前に、まず通商貿易を管理し貨幣流通と物価の安定を全権的に担う通商司を設立した。これは国内外貿易を外国商から国内商人の手に取り戻し、国内商品の流通、国産奨励を通じて貨幣統一を達成するための組織であった。[26] 通商司の実行部隊として、内外貿易を振興する通商会社と、その資金供給をする為替会社を西欧の株式会社形態を模する形で設立した。具体的には、東京、大阪、京都、横浜、神戸、新潟、大津、敦賀の八都市における地域商人（豪商）に出資を要請して通商・為替会社を株式会社形態で設立し、通商司がその運用に関して手厚い保護と資金援助をするという構造であった。

横浜通商・為替会社を例にとれば、同社は三井八郎右衛門をはじめとする東京・横浜の商人約五〇人から二〇万両の出資を得て設立され、出資金には月一分の利息が支払われた。さらに、同社はその出資金のうち八割を出資者に貸し付けただけでなく、政府からは太政官札三〇万両を貸し受けるという手厚い保護を受けたのである。同様に、三井八郎右衛門の出資を中心に設立された東京為替会社は一〇〇万両近い資金で発足し、同じく通商司から手厚い保護を受けた。

手厚い保護とは、通商・為替会社の営業費を補うために莫大な太政官札を貸し付けることであり、通商活動に対する紙幣発行の特権を与えることであった。[27] しかし、こうした保護政策にもかかわらず、横浜以外の通商活動において各社は厖大《ぼうだい》な赤字を生み出し、明治三年末には早くも通商司体制は行き詰まっていった。そのため明治四年七月には通商司は廃止され、各地の通商・為替会社も漸次《ぜんじ》解散してしまった。

由利の放漫財政を批判して登場した大隈だが、この通商司制度によってさらに大量の太政官札を発行してしまい、初期大隈財政は惨憺《さんたん》たる結果となった。やはり維新政権にとって最良の貨幣政策は、兌換可能な紙幣発行と本格的銀行制度の確立、そしてそれに基づいた産業育成しかなかったのである。

国立銀行制度をめぐる対立

こうして、大隈財政にとって統一貨幣しかも兌換券を発行しうる銀行の創設が急務となった。兌換券を発行するには貨幣素材としての地金銀を確保する必要がある。

この地金銀回収と新旧貨幣発行準備の代行に成功したのが三井組であった。三井組は、政府中枢にいた井上馨、渋沢栄一《しぶさわえいいち》、益田孝に接近し、自らの地金銀回収能力を強くアピールした。彼らからの推薦もあって大隈は三井組に単なる地金銀の回収や新旧貨幣の交換を担わせるだけでなく、明治政権下における金融資本の担い手という役割を与えようとした。三井組には地金銀の蓄積量からしても、新貨鋳造能力からしても、兌換券を発行しうる担い手は自分たちしかいないという自負があったし、大隈、井上、渋沢ラインもそう考えていた。

三井銀行の構想は、当時井上や渋沢ら大蔵省当局が考えていたイングランド銀行方式、すなわち正貨準備を基本とする兌換券発行に基づいていた。しかし、思わぬ代案が浮上した。岩倉使節団に同行した伊藤博文が、アメリカにおける国立銀行システムに範をとった国立銀行制度の有効性を主張したのである。大蔵省内の大隈や井上に反発する一部官僚たちも伊藤案の有効性に傾き、激しい論争が巻き起こったのであった。

この論争は、米国式ナショナルバンク方式支持者たちが紙幣兌換を正貨兌換に譲歩し、英国式ゴールドバンク擁護者たちが公債預託を妨げないという形で妥協が成立し、明治五年一一月に渋沢栄一紙幣頭と芳川顕正《よしかわあきまさ》権頭の共同執筆による「国立銀行条例」が公布された。だが、この条例によって健全なる金融機構が確立され、安定した貨幣流通がすぐにもたらされることはなかった。国立銀行条例によって設立された銀行は、四行にすぎず、政府の思惑通りに大量の銀行券の発行、政府紙幣の回収が進まなかった。また、この四行もすぐに資金欠乏に苦しみ、明治七年には経営危機を迎えてしまったのである。

明治七年末の政府紙幣の発行残高は九六五五万円と銀行兌換券の一二〇倍に達していたことからしても、国立銀行による通貨安定策は絵に描いた餅であった。その後、国立四銀行の厳しい経営状態と、夥《おびただ》しい正貨流出を目前に、新政府は国立銀行条例を改正し、銀行券の発行において正貨兌換に加えて、銀貨・政府紙幣への兌換を認めたのであった。

これは大隈が目指してきた通貨の安定政策を放棄して、専ら通貨供給を安定させるという大転換であった。しかし、これは単なる敗北ではなかった。この政策転換が国立銀行の救済を目的としただけではなく、当時最大の懸案となっていた士族の解体と連動したものだったからである。

大隈財政は度重なる挫折と財政難に直面するなかで、ついに明治初期最大の難問に手をつけざるを得なくなったのである。それは、明治維新の原動力であった下級士族を含む武士階級を解体するという根本問題であった。徳川幕府から継続して武士に支払われてきた俸禄《ほうろく》が、明治財政圧迫の根本にあったからである。大隈たちはこの「武士」という身分を買い取ることを思いついた。武士たちの給与（秩禄《ちつろく》）を廃止する代わりに、一括した利子付き公債を発行して渡し、武士たちに公債につく七分程度の利子で生活することを強いたのである。もちろん、支給された額面はそれほどのものではなかったため、利子だけで生活することは不可能であった。そのため、武士たちはそれを国立銀行やさまざまな事業に資本として投資したり、一度に売り払って食いつないだりしていった。

後に「士族の商法」と揶揄《やゆ》された武士たちの商業活動に転化されたのである。

こうして、大隈たちは旧体制支配層を無血のまま新体制に移行させただけでなく、彼らを産業資本の担い手とすることに成功した。フランス革命などのブルジョワ革命が、旧体制の人々を血祭りに上げていったのとは対照的に、明治維新における秩禄処分は人類史上きわめて独創的な政策対応であった。大隈が財政規律を無視してもこの決断に至った点は大きく評価されなければならない[28]。そして特筆すべきは、こうして先祖伝来の身分を失った多くの士族たちが、その後自ら事業を起こしたり、新設された株式会社で有能な管理者となり、明治の近代化を担っていったことである。武士たちは、「士族の商法」と揶揄されながらも、誇りをもって新しい時代に立ち向かい、自らを明治資本主義の担い手へと変身させていった。これもわれわれがいうところの「創発的破壊」であった。突然身分を失った旧士族たちの鍛えられた克己心やすぐれた統率力がなければ、帝国主義環境にあった国際社会で独立を果たし、アジアで唯一の近代国家になることはなかったであろう。

外交と財政

尊王攘夷を標榜《ひょうぼう》して明治維新を遂行した志士たちも、政権樹立後は絵空事《えそらごと》のような攘夷論を振りかざすわけにはいかなかった。帝国主義的野心をもった列強と厳しく対峙する中で、一国を代表する政治主体としての自覚と責任を全うしなければならなかったからである。なかでも、キリスト教問題と貨幣問題がその自覚を促した最大のものであった。

名もない佐賀藩士であった大隈重信は、藩政改革の中で蘭学から英学の重要性を知り、その知識をもとに長崎臨時政府で活躍して中央政界に名乗りを上げた。この飛躍の原点は、最新の西洋に関する知識であった。この知識の有効性は、科学や政治経済の問題ではなく、意外にもキリスト教問題をめぐる列強外交と全面折衝で発揮された。続いて、大隈は横浜での外交折衝を通じて日本外交の本質問題は、日本国の貨幣政策ひいては財政政策そのものであることを自覚していった。外交折衝を通じて内政の重要性を理解し、内政の確立が対外独立の基礎と自覚したのである。

世界貿易の時代にあって、**国を建てる基本は対外的責任である。**

明治維新を打ち建てた幕末の志士たちの多くは、その理念において尊王攘夷を基本としていた。しかし、維新後の外交政策に関しては共通の構想を抱いてはいなかった。さらには、世界経済の中では日本の貨幣はすでに日本のものではないことにも気づいていなかった。大隈重信はときに理不尽ともいえる列強諸国と対峙することで、志士から日本官僚・日本政治家へと脱皮し、国の基本の確立に奔走していったのである。

明治初期に日本が大隈を得たことは幸運であった。

外交の基本を失い、財政規律を世界の中で考えることのできなくなった現代日本。悲劇を通り越して喜劇になりつつある現代日本。

国の基本は外交であり財政であることを、肥前の若侍から日本を背負う維新官僚に飛躍した大隈重信に学ぶときが来ているのではないだろうか。

大震災後の日本の姿も対外的責任のうえで考えるべきことを大隈の軌跡が物語っている。

1　丹羽邦男『明治維新の土地変革』（近代土地制度史研究叢書第二巻：改装版）、御茶の水書房、一九七二年。三－九頁。

2　大隈重信叢書第二巻『大隈伯昔日譚』（以下『昔日譚』）、早稲田大学出版部、一九六九年。本書は現代語訳にされているため、大隈の口癖である「あるんである」、時には「あるんであるんである」という面白さが伝わらない。その点では旧版や『隈公閑話』の方が聞き書きのリアリティがあるが、一般読者へのわかり易さから、同じ記述では新訳『昔日譚』を引用した。

3　前掲『昔日譚』二頁。

4　『昔日譚』五六頁。

5　アーネスト・サトウ『一外交官の見た明治維新（下）』（坂田精一訳）、岩波文庫、一九七頁。また、フィクションではあるがフルベッキに関しては、加地祥夫『幕末維新の暗号』がきわめて面白い視点を提供している。

6　この間の経緯は『昔日譚』六一～八五頁に詳しい。大隈が商人たちとの活動の詳細を雄弁に語っていることからも、彼が商業活動を通じて得たものの大きさを知ることができる。ただし、彼自身は「わたし達の企業も画策もさして効果を見ることは出来なかった」としている。

7　大隈はこの結果を、「佐賀藩を代表して世間に運動することが、土佐藩における後藤のように、薩摩における西郷のように出来なかったのは、本当に千年の憾み事」と悔しがっている。同書七九～八三頁。

8　同書二〇五頁。

9　この間の経緯については、片岡弥吉『浦上四番崩れ：明治政府のキリシタン弾圧』、筑摩書房、一九六三年、同『日本キリシタン殉教史』時事通信社、一九七九年に依っている。

10　片岡『日本キリシタン殉教史』にはイエズス会神父たちが布教にあたって、厳しい拷問に耐え、なおかつ各地のキリスト者を発見救済することを使命としたことが描かれている。

11　片岡『浦上四番崩れ』四六－四八頁。

12　プチジャン神父は感激のあまり手紙の中では、この時の会話の「サンタ・マリアの御像はどこ」という言葉をはじめ、信者たちの喜びあふれる言葉をわざわざローマ字表記の日本語で表しているという（片岡『日本キリシタン殉教史』五七一－五七二頁）。

13　片岡『浦上四番崩れ』、五三頁。

14　大隈前掲書、二〇九頁。

15　キリスト教の一神教的側面がアニミズム世界を破壊し、強引な支配を進める背景については、安田喜憲『蛇と十字架：東西の風土と宗教』人文書院、一九九四年が鋭い指摘を行っている。

16　『昔日譚』二一二頁。

17　大隈のパークスに対する評価は、「彼の性格は非常に太っ腹で、おどかすという方法で談判を促進する術を心得、時には殆ど気違いじみた行いをすることがあるが、心中では愉快なところもないではなかった。（中略）とにかく彼は、わが国での公使中では傑物であり、また厄介ものでもあった。こういう種類の人は欧米各国では役に立たないが、当時の東洋では先ず面白い人物であったのである」（『昔日譚』二一五－六頁）。

18　この交渉の経緯については、『隈公閑話』や『昔日譚』の述懐による。

19 アーネスト・サトウ『一外交官の見た明治維新（下）』（坂田精一訳）、岩波文庫、一九七頁。

20 大隈自身も「以上のような事件から、思いがけなくもわたしをして明治政府に一つの地位を占めることが出来るようになった。わたしはこれまで政府の人々に面識あるものが少なかったが、この時木戸、大久保、広沢らと自由に話を交わすことが出来、親しくその人となりを知った」（『昔日譚』二二一頁）。

21 この経緯は岡田俊平『幕末維新の貨幣政策』、森山書店、一九五五年。

22 前掲『昔日譚』二二四頁。『隈公閑話』の方がもっと素直な表現となっている。

23 岡田前掲書、三〇－五一頁。

24 「外債及悪金銀貨処理ニ関スル外国官伺書」『大隈文書A』一六九一所収。

25 同『大隈文書A』。

26 通商司に関しては、中村尚美『大隈財政の研究』、校倉書房、一九－三〇頁が詳しい。

27 はじめは東京為替会社に銀券の発行権が認められただけであったが、後には京都、大阪に銭券の発行が許され、さらに各地の為替会社に兌換券（金券）の発行が許された（中村『大隈財政の研究』二七頁）。

28 この点については、拙著『現代日本史における創造的対応』（近刊）を参照されたい。

最終章
日本のパラダイム・チェンジ

本書では、日本が直面しているパラダイム・チェンジを、戦後復興の視点、ソーシャル・イノベーションの視点、高校生教育の視点、世界から学ぶという視点、そして明治初年度における国創りの根幹という視点から多面的に検討してきた。

ちなみに前章でとりあげた大隈は、「江戸の市中だけでも殆ど十万余人を斃した」日本初のコレラや、安政の大地震といった度重なる災厄を、次のように述懐している。

わたしはこのような自然の災厄が、どうして社会変革の際に必ず起こってくるのか、その理由を知ることが出来ないが、むかしから各国の歴史を見ると、変革の時には常に天変地異の力が合わさっているのである。（中略）自然の経済は凡ての事を成るべく有益に他に対して用いるものである。だから天変地異は社会変革の時に起こさすのが最も有益で、効果が多いとしなければならない。（『昔日譚』一六六頁、一六七頁）

最後に震災後の日本のパラダイム・チェンジの方向を確認すると同時に、共通のゴールを具体的に示しておきたい。

序章でわれわれは、以下の認識を共有した。戦後日本のパラダイム・チェンジは、戦前の認識を、

1．資源がなければ輸入する
2．島国は各地にアクセスポートをもつ最適ロケーション
3．過剰人口は大きなマーケットと豊かな労働力

とポジティブに認識したことに始まった。そして、現状のパラダイム・チェンジは、これであることは間違いない。

（1）脱原発・脱炭素化社会におけるエネルギー開発のリーダーへ
（2）これまでの東京一極集中から分権化社会へ
（3）世界で進む少子高齢化問題の先進的解決国へ

この三つのパラダイム・チェンジはいかにして可能かを示して本書を終わりたいと思う。

(1)エネルギー供給・需要サイドのイノベーション

(1)の脱原発・脱炭素化社会のエネルギー開発でもっとも重要なことは、震災復興のためにスマートシティ(いわゆるエコタウン)をまず五都市建設することを目標に、新たな都市計画を進めることだ。それは東北地方でも構わないし、もし原発事故処理が長引くようであれば東北地方以外でも構わない。災害地区の復興あるいは避難民の受け入れ都市を早急にスマートシティとして開発するのである。しかし、東京中心の政府だけがこのブループリントを描くべきではない。後に述べる自立性の強い地方自治体と地元組織が発案して、政府が復興資金を貸し出すといった方式で世界最先端の省エネ技術を結集したスマートシティの建設が推進されるのがいい。

そこでの電力供給に関しては序章で述べた通り、安定的な二、三の電力系統と、分散化されたハイブリッド型の供給デザインが必要だ。一方で、こうした供給サイドのイノベーションだけではなく、需要サイドでも大きなイノベーションが必要である。震災後の電力供給能力の不安が大きくクローズアップされているが、早急に改善すべきはむしろ需要サイドのコントロールである。具体的には、スマートグリッドをベースとしたスマートビルやスマートハウスさらにはスマート家電の加速的開発・普及である。

日本のオフィスや家庭における冷暖房効率や照明効率はセンサーとインテリジェント機能を付け加えることでまだまだ改善できるし、オフィスの再配置や照明反射板などにおける小さなイノベーションを積み重ねることで世界最高水準の省エネルギーが達成できるはずである。また、幾何級数的に増大するサーバーの冷却に関しても、きめ細かいセンサーと局所冷房など日本の技術を存分に発揮できる分野が残されている。

これまで実証実験が進められてきた地下洞窟の利用や、瀬戸内海犬島で完成された自然光、自然風力を利用した省エネルギー建築など、日本人がもっとも得意とする分野がフロンティアとして広がっている。

一方で、脱原発という方向性に対して懐疑的な人が多いのも事実だ。[1] かつての日銀総裁のようにパラダイムの変化を理解していない人間にとって、原発推進は金科《きんか》玉条《ぎょくじょう》の域であろう。しかし、使用済み燃料処理に最終解をもたないテクノロジーに依存しつづけるのは、未来にとってあまりに無責任である。また、これまでの産業構造やライフスタイルを前提にエネルギー供給を考えるのも古臭い。そもそも三割程度の原発依存度ならば、大小さまざまなイノベーションを通じて解決できる数値だ。もしそれができないというならば、日本に未来はない。

かつて、松下幸之助氏は、「三パーセントのコスト削減は難しいが、三〇パーセントは可能だ」といったといわれる。三パーセントという課題では現状の延長線上で考え、大きなイノベーションは生まれないが、三〇パーセントとなると発想の転換があるからである。日本の技術者集団が力を発揮すれば、決して不可能な数字ではない。

スマートシティ建設にあたってもうひとつ考慮すべきは、小中学校の太陽光発電化である。たとえば、今回の地震で被災した小中学校再建とその太陽光発電化を考えてみよう。日本には三万三〇〇〇校近い小中学校があり、東北を中心に五〇〇〇校、その一校ずつに四億円かけて太陽光発電化しても、総額二兆円で済む。二兆円とは麻生《あそう》政権末期に国民にバラまかれた確定給付金総額と同額である。あのバラマキ政策に比べれば、これはきわめて効果的な投資になる。同時にこれは、世界の発展途上国の学校にとっても目指すべきモデルとなるだろう。すでに多くの書籍がグーグルによって電子化され、多様な情報もネット上にある現在、それぞれの学校が大型の図書館を整備する必要はない。すぐれたネット環境と英語教育があれば、ほとんどの情報にアクセスできるからである。しかし、途上国にはネット環境を支える電力自体がない。もし、日本が率先して義務教育機関の太陽光発電化を実施すれば、世界的モデルとなり見学者が後を絶たないだろう。かつて西山弥太郎がいった**「設備の近代化」**の**現代版**とは、こういうことである。

もうひとつ付け加えたいのは、スマートシティ建設にあたっては、政府調達あるいは自治体調達のうち一〇パーセントを外国企業、一〇パーセントを「中小企業あるいは三年以内に設立された新興企業」に**アファーマティブ・アクション（強制執行）**として割り当てることである。さもなくば、復興事業も従来型企業が従来型手法で受注し、新しいイノベーションが生まれない。さらに、スマートシティ建設に海外企業が参入すれば、これまでの閉鎖的かつ非合理的であった公共事業の商習慣が打破され、入札価格も大きく下がるだろう。また、設立三年以内の新興企業に対する発注枠を設ければ、大企業からのスピンオフを加速しイノベーティブな企業勃興《ぼっこう》を促すだろう。

西山弥太郎と川崎製鉄独立の事例を見ても理解できるように、新しい時代の新しい経営者には新たな経済空間（エコノミック・スペース）が必要である。

戦後はＧＨＱによって進められた経済人パージがその強制役を果たしたが、今回は復興シナリオの中で中小・新興企業支援がビルトインされなければなるまい。

ところで、震災後に復興税を消費税に上乗せすることが議論されている。こんなときこそ少額を国民全員で負担するという発想だろうが、この不況下での増税は絶対にしてはいけない。僕自身も多少の増税はやむをえないと思っていたが、竹中平蔵氏はこういうときこそ原理原則だという。

経済学の原則は、「不況期には減税、増税はありえない」。たしかに増税でGDPの六〇パーセントを占める消費をこれ以上冷やしては、日本経済自体がもたない。まずは力強い経済回復を誘導し、その次に増税ということだろう。ここではメリハリの効いたビジョンある日本再生プロセスに、大胆な建設国債《こくさい》・復興債を通じて日本の明るい未来を示すほうが賢策《けんさく》といえよう。

(2)分権化政策としての道州制

分散型スマートシティ建設を推進するにあたって、重要なパラダイム・チェンジは、(2)にあげた「東京一極集中を排した地方分権社会の確立」である。

スマートシティの建設は日本がこれまで追求してきた「日本全土の均衡ある発展」とい

うパラダイムとはまったく異なる。気候も風土も異なる日本各地に同じような都市を建設してきた「全国総合開発計画」的な考えではなく、**地域ごとの特色を生かした開発計画**である。第四次にまでわたった全国総合開発計画が築き上げたのは、どこの駅や空港に降り立ってもほとんど変わらない駅前風景であり、スプロール化した市街地造りだった。しかし、太陽光はもちろん、風力・地熱に加えてバイオマスや間伐材パレットを利用する地域発電を前提とするスマートシティでは都市の造り方を根本的に変える必要がある。職住を分離して郊外から市中に通勤するというエネルギー多消費型社会像も大変革されなければならない。職住はもちろん、大学やエンタテイメント施設を都市の中心に誘致し、職住学遊の接近はもちろん、コンパクトで快適な都市空間を各地の事情にあわせて設計しなければならない。

こうした高度省エネルギー都市の実現に関しては、中央集権的な政府が画一的なお仕着《しき》せを図ることはできない。したがって、裁量権をもった地方政府の役割が重要になるのである。

国家の危機管理としても地方分権は重要である。今回の大震災を見ても、国家機能を特定の地域に集約しておくことがいかに危険かは一目瞭然である。とくに、直下型地震が政治・経済・情報を一極集中した東京を襲えば、日本の国家機能は完全に麻痺《まひ》し、その復興の道筋も混乱を極めるだろう。

ここで注目したいのが、**各地方の自由度を高くした道州制の導入**である。日本を一〇くらいの行政単位に分散化し、各道州を一国単位くらいの自由度で確立し、その連合体都市国家としての日本を構想することである。認識してほしいのは、日本の面積はカリフォルニア州よりも小さいという事実である。日本約三七万平方キロメートルに対してカリフォルニアは四二万平方キロメートルである。そして、カリフォルニア州には州知事が一人であるのに対して、日本には四七人の都道府県知事が存在している。経済規模や人口では日本の方が約四倍の規模を誇ってはいるが、一二倍の知事は不必要であろう。

これは一八七一（明治四）年に断行された廃藩置県がその原型にあるためである。明治政府はそれまであった三〇〇近い藩を当初七〇府県に統合し、一〇年近い歳月をかけて五

○府県に縮小するという大行政改革を断行した。当時の東京―大阪の往来が徒歩によっていて、早飛脚でも片道一四日間かかっていたときの大英断である。にもかかわらず、これだけ情報手段が発達し、東京―大阪間の主要交通手段である新幹線が三時間を切った現代において、政治システムが一〇〇年前のままというのはどう考えてもおかしい。各地域が地方自治権をもっても十分な経済規模を有しているのは、図7を見ても明らかである。関西州・中国州はカナダ、中部州はオランダ、九州州はデンマークを上回る経済規模を有しているのである。

今回の震災を契機に東北における州制度が暫定的にでも制定されるならば、いまの日本において決定的に重要な課題であるTPP「環太平洋戦略的経済連携協定（Trans Pacific Partnership）」加盟問題も進展するだろう。

TPPは二〇〇五年にチリ、シンガポール、ニュージーランド、ブルネイという小国で発効し、後にアメリカ、オーストラリア、ペルー、ベトナムが参加の意思を表明、現在ではマレーシアも参加を表明した広域自由貿易協定である。日本が躊躇《ちゅうちょ》している最大の理由は、農業自給率や食料安全保障への懸念にある。しかし、筆者はTPPによって日本の農

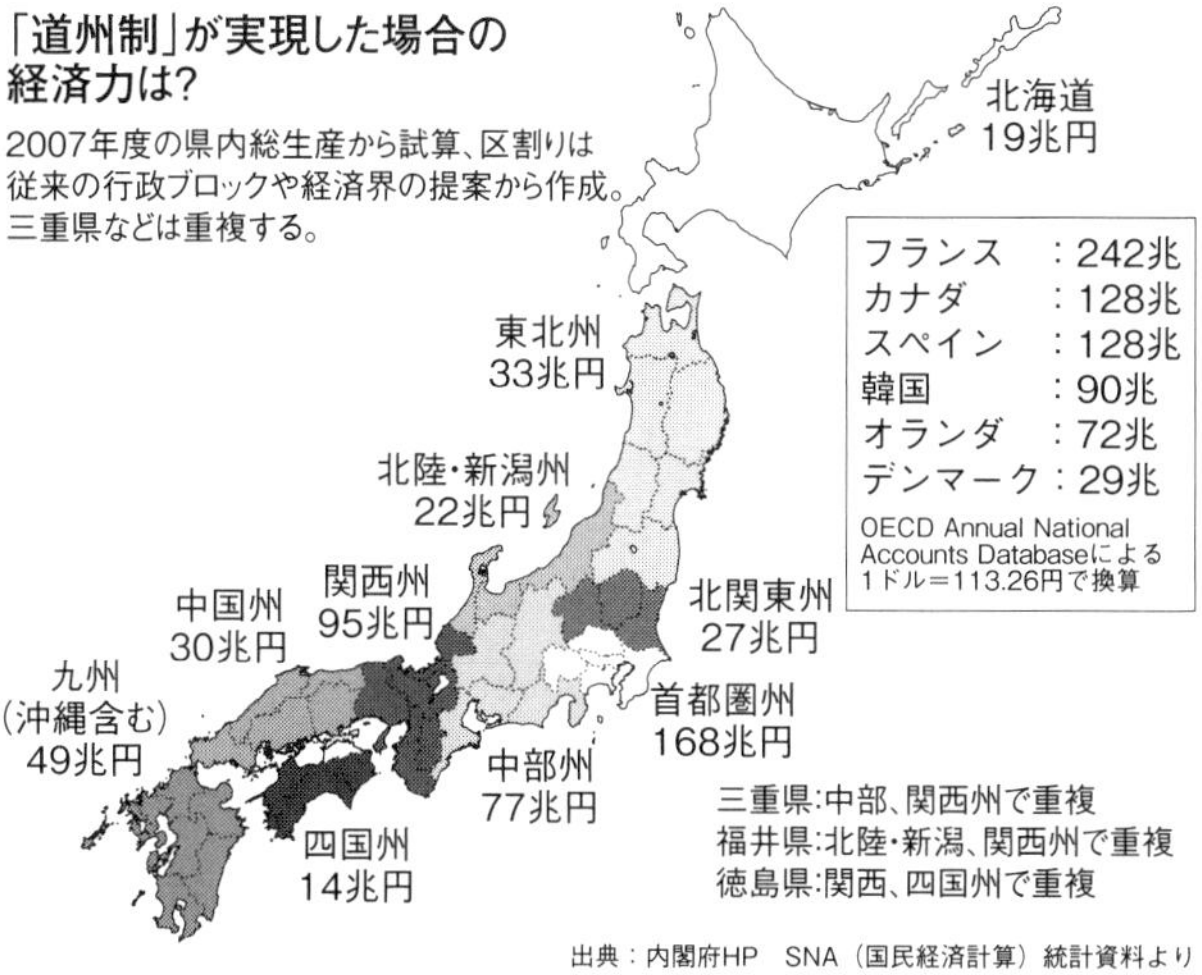

出典：内閣府HP　SNA（国民経済計算）統計資料より

図7 日本のポテンシャル （2007年比較）

業はむしろ国際競争力をつけると考えている。もちろん、いまのままの農業やそれを取り巻く制度では世界の先進的農業に太刀《たち》打《う》ちできない。農業・農政もパラダイム・チェンジが必要なのである。

食料安全保障に関しては、すでにこれだけ対外依存を強め、多くが石油資源に依存した農業を実践している。日本の農業はGDP比で一・二パーセント、人口比で三パーセント程度である。その農業を保護主義政策だけで守れるはずがない。日本は世界に冠たる工業国だから、TPPのような大きなマーケットでは農業で失う以上の有利な展開ができる可能性がある。そうなれば、その利益で農業イノベーションを加速すればいいのである。もっともこうしたことはいずれも、所詮やってみなければ誰にもわからないことばかりである。

道州制がいいのは、とりあえずどこかの州が暫定三年間加盟をして市場化テストをするというような自由度が生まれることだ。この実験プロセスを通じて竹中平蔵氏がいうような「ＴＰＰ対応型農業」の原型が模索される可能性が高い。

（3）少子高齢化社会の先駆け

すでに深刻な状況が随所に現れているが、日本の少子高齢化の進行は厳しい。とくに、今回被災の大きかった東北地方ではこの波がいっそう激しく、今回の被災も高齢者を直撃している。

しかし、深刻化する少子高齢化は日本に限ったことではない。

世界の二〇〇五～二〇一〇年の合計特殊出生率（生涯に一女性が産む子どもの数）を見てみると、OECD加盟国では、韓国（一・二二）に次いで日本とポーランド（ともに一・二七）と低く、ドイツ（一・三二）、イタリア（一・三八）、カナダ（一・五七）、オランダ（一・七四）、イギリス（一・八四）、フランス（一・八九）などが、いずれも二人を切って並んでいる。二人を切るということは、このいずれの国も今後人口減少に見舞われるということである。二人を超えているのはニュージーランド（二・〇二）、アメリカ（二・〇九）、メキシコ（二・二二）ぐらいである。さらに、隣国中国も一・七七人と人口減少国だが、一九七九年以来の一人っ子政策が厳しく適用された都市部ではまさに一・〇が堅持され、少子高齢化の波が日本以上の速度で忍び寄っている。すなわち、いずれ先進国や人口大国中国が抱える深刻な少子高齢化問題に、日本が先駆けて突入していることが理解されるのである。

今回の東北地方は日本でも高齢化がもっとも進行している地域であり、そこで**高齢者対応型のスマートシティ（エコタウン）を高度な医療福祉制度と相まって建設すること**ができれば、日本ばかりか世界のモデル事業になりうることは間違いない。さらに、スマートシティが、前述したように職住学遊近接を実現し、コンパクトで住みやすい街となれば、高齢者ばかりでなく多くの若者を引きつけるようになり出生率も上昇していくこととなるだろう。

この震災を契機に日本を抜本的に創り変えるムーブメントが生まれることを期待したい。おそらく、古いパラダイムに住む人たち、あるいは既得権の上にあぐらをかいている人たちはこんな話は絵空事だと思うにちがいない。しかし、一九四五年焼け野原となった東京や広島で、どれほどの人が世界第二位の経済大国を想像しただろうか？　新しい時代を絵空事とは思わないクリティカル・マスだけが、その絵空事を現実に変えることができるのだ。創発的破壊によって、今こそ、パラダイム・チェンジを起こさなければならない。

最後に不屈の宰相ウィンストン・チャーチルの言葉を記してこの稿を終わりたい。

A pessimist sees the difficulty in every opportunity.
An optimist sees the opportunity in every difficulty.
By Sir Winston Churchill

1　二〇一一年四月二〇日に行われたアカデミーヒルズ東北支援チャリティーセミナーでは、脱原発が机上の空論であるかのように議論する人間がいて驚いたが、三割程度の依存度ならば供給・需要サイド双方の努力で解決できる。また、旧政治家や企業経営者の中にも「原発ありき」の旧パラダイムを声高に叫ぶ人たちがいるが、お笑い種である。

あとがき

本書は、この五〜六年の間に書きためたアイデアや世界を巡った感想をまとめたものである。その意味で、「はじめに」で書いたように今回の東日本大震災直後に書き下ろした緊急出版ものではない。しかし、書きたかったことの趣旨は震災前も後も変わらなかった。その根本は新しい日本を創るためのイノベーションの重要性である。

本文で述べてきたように、日本が生き残る道は世界に先駆けた「脱原発・脱炭素社会」を最先端技術で構築し、そのモデルを解決策（ソリューション）として世界に輸出することだと思う。この考えは、大震災前から考えてきたことで、今回の震災でさらにその意を強めることとなった。また、被災地に続々と詰めかけたボランティアを見て、いまほどソーシャル・イノベーションが必要とされているときはないと確信した。これまでのように税金や援助だけで被災地復興はありえない。しかし、ボランティア精神だけでも新しい未来は築けない。被災地で瓦礫《がれき》を除去するのは重要だが、被災地に新事業や雇用を創るのも重要だ。バングラデシュに行ったとき、「日本からもうモノはもって来なくていい、技術と知識をもって来てくれ」と言われたことを思い出す。すなわち、途上国でよくいわれる、「魚をもって来てくれる人はありがたいが、魚の釣り方を教えてくれる人はもっとありがたい」ということだ。今回の被災地でも同じことがいえる、ボランティアも大事だが、それをビジネスにして自走できるような仕組み創りができる人材がこれからは大事なのである。新しい日本の創造には、ますますソーシャル・イノベーションとソーシャル・イノベーターが必要だと思う。

日本が大震災後に歩み始めた道は、新しい資本主義を創る道でなければならない。世界や歴史から学ぶ視点は重要である。僕は大学で経営史(ビジネス・ヒストリー)の授業を教えることがあるが、その一回目で必ず学生に話す言葉は、「歴史は繰り返す。歴史を学ばないものには」、だ。歴史の中にはすでに起こった未来が詰まっている。今回、西山弥太郎や大隈重信を大きく取り上げたのには、そういう意味があった。しかし、彼らを希有《けう》なリーダーとして取り上げたつもりはない。ただ、彼らの地に足の着いた努力と時代を読む力が、新しい日本を創ってきた事実を知ってほしかったのである。いまの時代にあってカリスマ的リーダー待望論は敗北主義である。そんなリーダーを待つのではなく、一人ひとりが変革の主役となれることに二十一世紀の意味がある。エジプトでもポスト・ムバラクといったリーダーがいたわけではない。一人ひとりの小さなつぶやきやフェイスブックの仮想的連帯が独裁を打ちのめしたのである。

この現象を本書では、「創発的破壊」と名付けた。

いまこそ創発的破壊をもって「イノベーションの国：日本」を創り上げるときが来た、本書がその一助になればこれ以上の喜びはない。

さて、本書を書こうと思ったとき、まっ先に頭に想い浮かんだのは三島邦弘君のことだった。彼とは、彼がＰＨＰ研究所時代に『ジャパニーズ・ドリーマーズ』を一緒に手がけ、NTT出版時代には彼の編集で、『脱カリスマ時代のリーダー論』を書いた。その彼が僕のベンチャー論に触発されて「ミシマ社」を起業したのは二〇〇六年のことだ。「えー、この出版不況の時代に大企業を辞めて出版社を起業するなんてあまりに無謀だ」、と僕でさえ思った。しかし、彼には一分の迷いもなく、いつも元気そうに仕事をしているではないか。ミシマ社から本書を出版しようと本気で思ったのは、僕がミシマ社から出版したいといったとき、彼がライターによる口述筆記などをまったく持ちかけず、ただただ執筆を励ましてくれたからである。小さな会社を起業したからこそ、やっつけ仕事ではなく一つひとつ作品を自分の仕事として大切にしていることが伝わってきた。ベンチャー企業が力を発揮するのは、社長をはじめ社員全員が会社に対して当事者意識をもつからである。すべての会社がこうした当事者意識に支えられたならば、世界はもっと良くなるはずだ。彼の勇気ある起業を本気で応援しなければならないと痛感した瞬間である。三島邦弘君ありがとう。

こうしてできあがった本書だが、三島君以外にも執筆には多くの人の助けに依っている。まず、一橋大学イノベーション研究センターの仲間たち。とくに、いい加減なセンター長を補佐してくれる青島矢一教授と清水洋准教授には、感謝の言葉もない。もちろん、事務室の佐藤健一さん、武藤幸一さん、小池三義さん、池亀奈津美さんにはいつも無理ばかり言って申し訳ないと思っている。また、調査室の森本典子さん、小貫麻美さん、森川純子さん、米元みやさん、庄司浩子さんたちには、資料集めからランチの注文まで世話になりっぱなしである。資料室を守ってくれている小川友子さん、佐藤歩さんにも感謝したい。一方、イノベーション研究センターの機関誌『一橋ビジネスレビュー』を支えてくれている小貫麻美さん、東洋経済新報社の佐藤敬さん、中山英貴さん、吉村康さん、河野修さんにも編集委員長として感謝したい。

六本木ヒルズ四九階にあるアカデミーヒルズのスタッフのみなさん、とくに中江川潤さん、坂本和也さん、倉橋慶次さん、遠山文孝さん、熊田ふみ子さん、清水香帆さん、中村真理子さん、佐野淳子さん、河上恵理さん、深町友子さん、佐藤亘さん、小林幸子さん、斉藤多美子さん、そして何よりも秘書役も兼ねている津田真美子さんと吉岡（ヘリコプター）優子さんにはとくに世話になっている。口にこそ出さないが、心ではいつも本当に感謝しているのだ。また、「日本元気塾」立ち上げの盟友、藤巻幸夫さん、高島郁夫さん、奥山清行さんには同志として感謝したいし、元気塾に集う日本を背負う塾生たちには、塾長として日本をリードする人材として大いに期待していると述べておきたい。諸君が日本を変える。さらに、日本元気塾というわがままを許してもらっている森ビル社長の森稔さんにも特別の謝意を捧げなければならない。

日経エデュケーション・フォーラムを立ち上げた日本経済新聞社（現教育と探求社社長）の宮地勘司さん、塩崎祐子さん、岩本伸彦さん、日経社の佐久間俊治さん（当時社長）、多田一也さん、伊藤耕さん、中澤博さん、古川美幸さんたちにも、一〇年にわたってこのプログラムと校長である僕を支えてくれていることに感謝したい。古川君はこのプログラムの卒業生であり、税所篤快君もそうである。税所君とGCMP（グローバル・チェンジ・メーカーズ・プログラム）の学生諸君、グラミン・コミュニケーションのアシール・アメッド教授には、僕をバングラデシュとグラミン銀行へと導いてくれたことに感謝したい。また、日本フィランソロピー協会の高橋陽子さん、加勢川佐記子さん、アメリカン・エクスプレス社のエディ操さん、池原亜矢子さん、村田弦也さん、ダイヤモンド社の宮田和美さん、内田智子さんにも、NPOリーダーシップ・アカデミーや「世界を変える一〇〇人になろう」プロジェクトで、多くのことを学ばさせていただいた。彼らとの新規プロジェクトの企画会議も楽しいが、その後の毎回の飲み会も実に楽しい。またアメックスNPOアカデミーの卒業生である気仙沼の小野寺美厚さんとネットワークオレンジには大きなエールを送りたい。自身が大きな被災を受けたにもかかわらず、障害者支援を早々と再開した行動力は僕たちの誇りだ。もう一つ、わがおじさんロックバンド"The Searching Cranburys"のJohnathan鈴木、Martin田岡、Bert向井、Hohner宮本にも感謝したい。僕の下手くそベースを許容してくれてありがとう。毎年一一月に開かれる定例コンサートは心の励みだ。

グラミン銀行ムハマド・ユヌス博士にはソーシャル・イノベーションの可能性に目を見開かせていただいたこと、本書への講演収録を快諾していただいたことに感謝したい。博士ほど心の底から勇気を与えてくれた人に出会ったことはない。現在、博士はバングラデシュ政府の不当な圧力と闘っている。われわれも博士とともに闘い続けていくことをここに表明しておきたい。

なお、本書は近年の想いを書き下ろしたものだが、一部は『中央公論』『一橋ビジネスレビュー』『ソフトブレーン・メールマガジン』『社会貢献でメシを食う』に寄稿したものに加筆修正をした文章を含めている。また、多くの人々の愛と勇気に支えられている本書だが、ありうべき誤りのすべては僕の責任であることは明記しておきたい。最後に勝手ながら本書を、米倉豊夫、明、京子、Corot、智子、明希、一明そして Kelly に捧げることを許していただきたい。

All you need is love, yeah !

二〇一一年風薫る五月、軽井沢にて

米倉誠一郎

装幀　寄藤文平・北谷彩夏（文平銀座）

米倉　誠一郎（よねくら・せいいちろう）

1953年東京生まれ。一橋大学社会学部および経済学部卒業。同大学大学院社会学研究科修士課程修了。ハーバード大学Ph.D.（歴史学）。97年より一橋大学イノベーション研究センター教授。

企業経営の歴史的発展プロセス、特にイノベーションを核とした企業の経営戦略と発展プロセスを専門とし、多くの経営者から熱い支持を受けている。

季刊誌『一橋ビジネスレビュー』編集委員長、六本木ヒルズにおける日本元気塾塾長も務める。

著書に『経営革命の構造』（岩波新書）、『勇気の出る経営学』（ちくま新書）、『経営史』（共著、有斐閣）、『ジャパニーズ・ドリーマーズ』（ＰＨＰ新書）、『脱カリスマ時代のリーダー論』（ＮＴＴ出版）など多数ある。

創発的破壊　未来をつくるイノベーション

二〇一一年六月八日　初版第一刷発行
二〇一二年三月八日　初版第四刷発行

著　者　米倉誠一郎
発行者　三島邦弘
発行所　㈱ミシマ社
郵便番号一五二-〇〇三五
東京都目黒区自由が丘二-六-一三
電話　〇三（三七二四）五六一六
ＦＡＸ　〇三（三七二四）五六一八
e-mail hatena@mishimasha.com
URL　http://www.mishimasha.com/
振替　〇〇一六〇-一-三七二九七六

印刷・製本　藤原印刷㈱
組版　(有)エヴリ・シンク

ISBN978-4-903908-27-4

好評既刊

やる気！攻略本

自分と周りの「物語」を知り、モチベーションとうまくつきあう

金井壽宏

「働く全ての人」に贈る、愛と元気の実践書

やる気のメカニズムを理解して、「働く意欲」を自由自在にコントロール！　毎日読みたい「やる気！語録」付。

ISBN978-4-903908-04-5　1500円

謎の会社、世界を変える。～エニグモの挑戦

須田将啓・田中禎人

最注目ベンチャーの起業物語

「世界初」のサービスを連発するエニグモの共同経営者
二人が語る、感動と興奮のリアルストーリー。

ISBN978-4-903908-05-2　1600円

脱「ひとり勝ち」文明論

清水 浩

「原子力に頼らない社会」に向けて

「未来の車」エリーカ開発者が見つけた、
「太陽電池と電気自動車」が作る日本型の新文明。

ISBN978-4-903908-13-7　1500円

逆行

尾原史和

「発明する」デザイナー、仕事・人生を初めて語る。

『R25』『TRANSIT』などのデザインを手がける著者。
怒涛の半生を、興奮の文体でつづったリアル青春記。

ISBN978-4-903908-24-3　1600円

（価格税別）